ॐ

VISHNU SAHASRANAMA
for Chanting

Ashwini Kumar Aggarwal

जय गुरुदेव

ISBN13: 978-81-946198-6-4 Paperback Edition
ISBN13: 978-81-946198-7-1 Hardbound Edition
ISBN13: 978-81-946198-8-8 Digital Edition

Title: Vishnu Sahasranama for Chanting

Printed and Published by
Devotees of Sri Sri Ravi Shankar Ashram
34 Sunny Enclave, Devigarh Road,
Patiala 147001, Punjab, India

https://advaita56.weebly.com/
The Art of Living Centre

https://www.artofliving.org/

26th July 2020 Sunday, Guruji gives Skanda Shasti Kavacham, Shukla Paksha, Shasti Tithi, Varsha Ritu, Shravan Masa, Dakshinayana, Vikram Samvat 2077 Pramathi, Saka Era 1942 Sharvari

1st Edition July 2020

जय गुरुदेव

Dedication

Gurudev Sri Sri Ravi Shankar

for giving us Kanda Shasti Kavacham
https://www.youtube.com/watch?v=a0v-IVZAmLY

An offering at His Lotus feet

Blessing

It is said in Vishnu Sahasranamam -
"Soham ekena shlokena stuta eva na samshayaha",

In one Soham everything has come. One thousand names of Vishnu are written in one word **Ram** and that is also written in **Soham**.

Sri Sri Ravi Shankar

Table of Contents

DEDICATION   3

BLESSING   4

TABLE OF CONTENTS   5

INTRODUCTION   9

THE MECHANICS   10

SECTION 1 ENGLISH CHANTING   14

|| ŚRĪ VIṢṆU–SAHASRANĀMA–STOTRAM || 14

ATHA MAHIMĀ | REMEMBRANCE   14

VAIŚAMPĀYANA UVĀCA Sage Vaishampayana spoke   15
YUDHIṢṬHIRA UVĀCA King Yudhisthir asked   15
BHĪṢMA UVĀCA The Grandsire Bhisma replied   15

ATHA PŪRVA NYĀSAḤ | Deity Invocation   17

ATHA NYĀSAḤ | 17

ATHA KARA–NYĀSAḤ | Hand Purification   18

ATHA ṢAḌ–AṄGA–NYĀSAḤ | Torso Purification   18

ATHA SAṄKALPAḤ | Sankalpa   19

DHYĀNAM | Dhyanam   19

ATHA ŚRĪ VIṢṆU–SAHASRA–NĀMAM THE 1000 GLORIOUS NAMES
                                                              20
END OF THE 1000 NAMES   30
UTTARA–NYĀSAḤ , PHALA–ŚRUTIḤ FRUITS OF CHANTING   30
BHĪṢMA UVĀCA THE GRANDSIRE BHISHMA CONCLUDES   30
ARJUNA UVĀCA THE FOREMOST DISCIPLE ECHOES   33
ŚRĪ BHAGAVĀN UVĀCA LORD SRI KRISHNA CONFIRMS   33
VYĀSA UVĀCA THE CHRONICLER VEDA VYASA STATES   33
PĀRVATYUVĀCA GODDESS PARVATI EXCLAIMS   33
ĪSVARA UVĀCA LORD SHIVA RESPONDS   33
BRAHMOVĀCA LORD BRAHMA THE CREATOR SAYS   34
SAÑJAYA UVĀCA THE NARRATOR SANJAYA SAID   34
ŚRĪ BHAGAVĀN UVĀCA LORD SRI KRISHNA CERTIFIED   34
BHAKTA UVĀCA THE RECITING DEVOTEE ENDS WITH   35
ENDING PRAYER   35

LATIN TRANSLITERATION CHART   36

PRONUNCIATION OF SANSKRIT LETTERS   37

VEDIC METER OR TUNE अनुष्टुप् छन्दः   39

REFERENCES   41

THE 1000 NAMES ALPHABETICAL LISTING   42

REPEATED NAMES   89
SOME COMMON NAMES FROM SAHASRANAMA   90
SEQUENTIAL NAMES DEVANAGARI   93

SECTION 2 ORIGINAL VERSES   106

अथ सहस्त्रनाम   112

SECTION 3 VERSES AS CHANTED SANSKRIT   **130**

॥ श्री विष्णु–सहस्त्रनाम–स्तोत्रम् ॥   **131**

अथ महिमा । REMEMBRANCE   131

वैशम्पायन उवाच SAGE VAISHAMPAYANA SPOKE   132

युधिष्ठिर उवाच KING YUDHISTHIR ASKED   132

भीष्म उवाच THE GRANDSIRE BHISMA REPLIED   132

अथ पूर्व न्यासः ।   134

अथ न्यासः ।   134

अथ कर–न्यासः ।   135

अथ षड्–अङ्ग–न्यासः ।   135

अथ सङ्कल्पः ।   136

ध्यानम् ।   136

अथ श्री विष्णु–सहस्त्र–नामम् THE 1000 GLORIOUS NAMES   **137**

उत्तर–न्यासः , फल–श्रुतिः FRUITS OF CHANTING   150

भीष्म उवाच   150

अर्जुन उवाच   152

श्री भगवान् उवाच   152

व्यास उवाच   153

पार्वत्युवाच GODDESS PARVATI EXCLAIMED   153

ईश्वर उवाच LORD SHIVA RESPONDED   153

ब्रह्मोवाच Lord Brahma said   153

सञ्जय उवाच The Narrator Sanjaya said   154

श्री भगवान् उवाच Lord Krishna confirmed   154

भक्त उवाच The Devotee says   154

Ending Prayer   155

EPILOGUE   156

Introduction

Sanskrit words in a sentence coalesce due to conjuncts, sandhi or samasa. Hence written Sanskrit is *slightly different* than spoken Sanskrit. As such a teacher is required for one to learn how to chant the Vishnu Sahasranama Stotra.

The various editions of the Vishnu Sahasranama available today generally do not give the Stotra as it is to be chanted.

This book is an effort to enable the layman to know where to emphasize during reading, and to help perfect a serious student in his pronunciation. It thus bridges the learning curve and makes proper recital an easy and enjoyable task.

The Great Master Adi Shankaracharya has given a superb commentary on this text, which signifies its importance and inspires us to chant it.

Remember, the key is to allow the expression to flow. After a few times, sing freely, allowing your natural rhythm to take over. As you chant confidently, when Devotion seeps into your chanting, know you are already there!

The Mechanics

Notice that this text has been specifically written to be chanted out aloud, i.e. to perfect one's chanting. Proper chanting lends grace and enlivens the aura.

It is a tremendous aid to self-study learners who wish to see each letter clearly and know the exact pauses.

Serious or regular readers can certainly benefit a lot from this book, as many letters missed earlier perforce of habit, will be clearly seen, hence correctly enunciated.

<u>Following characters need special attention while chanting</u>
Avagraha ऽ is not to be chanted, i.e. it is a silent letter. It signifies that an अ has been dropped due to sandhi. e.g. Recite भूतभव्यभवन्नाथः पवनः <u>पावनोऽनलः</u> । Verse 32, as भूतभव्यभवन्नाथः पवनः <u>पावनोनलः</u> ।

Visarga ः is pronounced variously, a brief mention.

A visarga is pronounced aspirated ह followed by the sound of the preceding vowel. Thus ॐ विश्वं विष्णुर्वषट्कारो भूतभव्यभवत्प्रभुः । Verse 1 is to be chanted as ॐ विश्वं विष्णुर्वषट्कारो भूतभव्यभवत् प्रभुहु । Similarly भूतकृद्भूतभृद्भावो

भूतात्मा भूतभावनः ॥ १ ॥ is to be chanted as भूतकृद्भूतभृद्भावो भूतात्मा भूतभावनह ॥

This rule is valid only when a visarga is at the end, i.e. a virama is present. This rule also applies when a visarga is followed by a pause, as at a quarter verse.

However, a visarga in close proximity with another letter gets replaced with another letter or even gets dropped. This is reflected in this book by substituting the changed letter.

Visarga when followed by श is pronounced as श्

E.g. Recite सर्वः शर्वः शिवः स्थाणुर्भूतादिर्निधिरव्ययः । as सर्वश् शर्वश् शिवः स्थाणुर्भूतादिर्निधिरव्ययः । Verse 4

Visarga when followed by स or त is pronounced as स्

अव्ययः पुरुषः साक्षी क्षेत्रज्ञोऽक्षर एव च ॥

अव्ययः पुरुषस् साक्षी क्षेत्रज्ञोऽक्षर एव च ॥ Verse 2

विश्वकर्मा मनुः त्वष्टा स्थविष्ठः स्थविरो ध्रुवः ॥

विश्वकर्मा मनुस् त्वष्टा स्थविष्ठस् स्थविरो ध्रुवः ॥ Verse 6

Visarga when followed by vowel or soft consonant is dropped or changes to ओ as per context. Consider

भूतकृद्भूतभृद्भावः भूतात्मा भूतभावनः ॥

भूतकृद्भूतभृद्भावो भूतात्मा भूतभावनः ॥ Verse 1

अग्राह्यः शाश्वतः कृष्णः लोहिताक्षः प्रतर्दनः ।

अग्राह्यः शाश्वतः कृष्णो लोहिताक्षः प्रतर्दनः । Verse 7

Also, a Visarga changes to Repha in certain instances,

अजः सर्वेश्वरः सिद्धः सिद्धिः सर्वादिः अच्युतः ।

अजः सर्वेश्वरः सिद्धः सिद्धिः सर्वादिरच्युतः । Verse 11

or
gets dropped in other cases.

अव्ययः पुरुषः साक्षी क्षेत्रज्ञोऽक्षरः एव च ॥

अव्ययः पुरुषः साक्षी क्षेत्रज्ञोऽक्षर एव च ॥ Verse 2

Ardha Visarga. Optionally, a visarga ◌ः becomes an ardha visarga, and it's pronunciation is quite faint.
-When the following letter is a क or ख the visarga is enunciated as a short ह ।
-When the following letter is प or फ - the visarga is enunciated as faint फ or ह ।
-But it remains a visarga when the following letter is क्ष (कृ ष).

Anusvara ◌ं is pronounced as nasalized म् ।
However Sandhi grammar rules state that Anusvara changes to a corresponding nasal when followed by a class consonant, *albeit optionally*. Few pandits

make the Anusvara sound as ङ् when followed by ग,
as ञ् when followed by च ,as न् when followed by त् ।

In any case it is correct if Anusvara is pronounced as
म् always.

Specific Conjuncts
ह्न , ह्ण , ह्म These conjuncts are chanted as न्ह , ण्ह , म्ह
respectively.

To use this book effectively, listen to a chanting
keeping the book open and notice the
pronunciation. A couple of times listening to a Pandit
or an Audio recording is good enough to enable this
book to be independently used thereafter.

Section 1 English Chanting

Devanagari to Latin ISO 15919 / IAST standard
https://en.wikipedia.org/wiki/ISO_15919

Devanagari Transliteration Tool
https://www.ashtangayoga.info/sanskrit/

‖ śrī viṣṇu–sahasranāma–stotram ‖

atha mahimā | Remembrance

Before chanting the 1000 names we bring to mind
the greatness of the Lord.

oṃ śuklām–baradharaṃ viṣṇuṃ śaśi–varṇaṃ catur-
bhujam | prasanna–vadanaṃ dhyāyet sarva–vighno-
paśāntaye ‖ 1‖

yasya dvirada–vaktrādyāḥ pāriṣadyāḥ paraś śatam |

vighnaṃ nighnanti satataṃ viṣvakasenaṃ tamāśraye ‖ 2‖

vyāsaṃ vasiṣṭha–naptāraṃ śakteḥ pautram–akalmaṣam |

parāśara–ātmajaṃ vande śuka–tātaṃ tapo–nidhim ‖ 3‖

vyāsāya viṣṇu–rūpāya vyāsa–rūpāya viṣṇave |

namo vai brahma–nidhaye vāsiṣṭhāya namo namaḥ ‖ 4‖

avikārāya śuddhāya nityāya paramātmane |

sadaika–rūpa–rūpāya viṣṇave sarva–jiṣṇave ‖ 5‖

yasya smaraṇa–mātreṇa janma–saṃsāra–bandhanāt |

vi–mucyate namas tasmai viṣṇave prabha–viṣṇave || 6||

oṃ namo viṣṇave prabhaviṣṇave |

Now the initial statements that lay the basis for chanting the 1000 names. The dialogue between King Yudhisthir and Grandsire Bhisma as recorded by the sage Vaishampayana.

vaiśampāyana uvāca Sage Vaishampayana spoke

śrutvā dharmān–aśeṣeṇa pāvanāni ca sarvaśaḥ |

yudhiṣṭhiraś śānta–navaṃ punarevābhya–bhāṣata || 1||

yudhiṣṭhira uvāca King Yudhisthir asked

kimekaṃ daivataṃ loke kiṃ vāpyekaṃ parāyaṇam |

stuvantaḥ kaṃ kamarcantaḥ prāpnu–yurmānavāś śubham || 2||

ko dharmas sarva–dharmāṇāṃ bhavataḥ paramo mataḥ |

kiṃ japan mucyate jantur janma–saṃsāra–bandhanāt || 3||

bhīṣma uvāca The Grandsire Bhisma replied

jagat prabhuṃ deva-devam–anantaṃ puruṣot–tamam |

stuvan nāma–sahasreṇa puruṣas sata–totthitaḥ || 4||

tameva cārcayan nityaṃ bhaktyā puruṣam–avyayam |

dhyāyan stuvan namas yaṃśca yaja–mānas tameva ca ‖ 5 ‖

anādi–nidhanaṃ viṣṇuṃ sarva–loka–maheśvaram |
lokādhyakṣaṃ stuvan nityaṃ sarva–duḥkhātigo bhavet ‖ 6 ‖

brahmaṇyaṃ sarva–dharma–jñaṃ lokānāṃ kīrti–vardhanam | loka–nāthaṃ mahad bhūtaṃ sarva–bhūta–bhavod–bhavam ‖ 7 ‖

eṣa me sarva–dharmāṇāṃ dharmo–'dhika–tamo mataḥ |
yad bhaktyā puṇḍarī–kākṣaṃ stavairar–cen naras sadā ‖ 8 ‖

paramaṃ yo mahat tejaḥ paramaṃ yo mahat tapaḥ |
paramaṃ yo mahad brahma paramaṃ yaḥ parāyaṇam ‖ 9 ‖

pavitrāṇāṃ pavitraṃ yo maṅgalānāṃ ca maṅgalam |
daivataṃ devatānāṃ ca bhūtānāṃ yo–'vyayaḥ pitā ‖ 10 ‖
yatas sarvāṇi bhūtāni bhavantyādi–yugāgame | yasmiṃś ca pralayaṃ yānti punareva yuga–kṣaye ‖ 11 ‖
tasya loka–pradhānasya jagan nāthasya bhūpate | viṣṇor nāma–sahasraṃ me śṛṇu pāpa–bhayāpaham ‖ 12 ‖
yāni nāmāni gauṇāni vikhyātāni mahātmanaḥ | ṛṣibhir pari–gītāni tāni vakṣyāmi bhūtaye ‖ 13 ‖
ṛṣir nāmnāṃ sahasra–sya veda–vyāso mahā–muniḥ |
chando–'nuṣṭup tathā devo bhagavān devakī–sutaḥ ‖ 14 ‖
amṛtāṃ–śūd–bhavo bījaṃ śaktir devaki–nandanaḥ |

trisāmā hṛdayaṃ tasya śāntyarthe vi–ni–yujyate || 15 ||
viṣṇuṃ jiṣṇuṃ mahā–viṣṇuṃ prabha–viṣṇuṃ maheśvaram
|| aneka–rūpa–daityāntaṃ namāmi puruṣot–tamam || 16
||

atha pūrva nyāsaḥ | Deity Invocation

Before Beginning, we purify the body parts by
invoking deities.

asya śrī-viṣṇor–divya-sahasra–nāma–stotra–mahā–
mantrasya | śrī veda–vyāso bhagavān ṛṣiḥ | anuṣṭup
chandaḥ | śrī–mahā–viṣṇuḥ paramātmā śrīman nārāyaṇo
devatā | amṛtāṃ–śūd–bhavo bhānur iti bījam | devakī–
nandanaḥ sraṣṭeti śaktiḥ | udbhavaḥ kṣobhaṇo deva iti
paramo mantraḥ | śaṅkha–bhṛn–nandakī cakrīti kīlakam |
śārṅga–dhanvā gadādhara iti astram | rathāṅga–pāṇir–
akṣobhya iti netram | tri–sāmā sāmagas sāmeti kavacam |
ānandaṃ para–brahmeti yoniḥ | ṛtus sudarśanaḥ kāla iti
digbandhaḥ | śrī viśva–rūpa iti dhyānam | śrī mahā–
viṣṇu–prītyarthe sahasra–nāma–jape vi–ni–yogaḥ ||

atha nyāsaḥ |

oṃ śirasi veda–vyāsa–ṛṣaye namaḥ | mukhe
anuṣṭupchandase namaḥ | hṛdi śrī–kṛṣṇa–paramātma–
devatāyai namaḥ | guhye amṛtāṃ–śūd–bhavo bhānu–riti

bījāya namaḥ | pādayor devakī–nandanas sraṣṭeti śaktaye namaḥ | sarvāṅge śaṅkha–bhṛn–nandakī cakrīti kīlakāya namaḥ | kara–sampūṭe mama śrī–kṛṣṇa–prītyarthe jape viniyogāya namaḥ || iti ṛṣayādi–nyāsaḥ ||

atha kara–nyāsaḥ | Hand Purification

oṃ viśvaṃ viṣṇur vaṣaṭkāra iti aṅguṣṭhā–bhyāṃ namaḥ | amṛtāṃśūdbhavo bhānuriti tarjanī–bhyāṃ namaḥ | brahmaṇyo brahma–kṛd brahmeti madhyamā–bhyāṃ namaḥ |
suvarṇa–bindur–akṣobhya iti anāmikā–bhyāṃ namaḥ | nimiṣo–'nimiṣaḥ sragvīti kaniṣṭhikā–bhyāṃ namaḥ | rathāṅga–pāṇir–akṣobhya iti kara–tala–kara–pṛṣṭhā–bhyāṃ namaḥ | iti karanyāsaḥ |

atha ṣaḍ–aṅga–nyāsaḥ | Torso Purification

oṃ viśvaṃ viṣṇur vaṣaṭkāra iti hṛdayāya namaḥ | amṛtāṃśūdbhavo bhānuriti śirase svāhā | brahmaṇyo brahma–kṛd brahmeti śikhāyai vaṣaṭ | suvarṇa–bindur–akṣobhya iti kavacāya hum | nimiṣo–'nimiṣas sragvīti netra–trayāya vauṣaṭ | rathāṅga–pāṇir–akṣobhya iti astrāya phaṭ | iti ṣaḍaṅganyāsaḥ ||

atha saṅkalpaḥ | Sankalpa

The Thought or Desire for which we are doing it.

śrī–kṛṣṇa–prītyarthe viṣṇor divya–sahasra–nāma–japam
ahaṃ kariṣye iti saṅkalpaḥ |

dhyānam | Dhyanam

Going Inwards now. A simple means of praising the
celestial beings associated with the Stotra and thus
motivating regular reading.

kṣīrodanvat pradeśe śuci–maṇi–vilasat saikater
mauktikānāṃ mālā–kḷptā–sanasthas sphaṭi–kamaṇi–
nibhair mauktikair maṇḍitāṅgaḥ | śubhrair abhrair
adabhrair upari–viracitair–mukta–pīyūṣa varṣaiḥ ānandī
naḥ punīyādari–nalina–gadā śaṅkha–pāṇir mukundaḥ ||
1||
bhūḥ pādau yasya nābhir viyadasuranilaś candra sūryau ca
netre karṇā–vāśāś śiro dyaur mukhamapi dahano yasya
vāste–yamabdhiḥ | antaḥsthaṃ yasya viśvaṃ sura–nara–
khaga–go–bhogi–gandharva–daityaiḥ citraṃ raṃ–ramyate
taṃ tri–bhuvana vapuṣaṃ viṣṇu–mīśaṃ namāmi || 2||

|| oṃ namo bhagavate vāsudevāya ||
śāntā–kāraṃ bhujaga–śayanaṃ padma–nābhaṃ sureśaṃ
viśvā–dhāraṃ gagana–sadṛśaṃ megha–varṇaṃ śubhāṅgam
| lakṣmī–kāntaṃ kamala–nayanaṃ yogibhir dhyāna–
gamyaṃ vande viṣṇuṃ bhava–bhaya–haraṃ sarva–
lokaika–nātham || 3||
namas samasta–bhūtānām ādi–bhūtāya bhūbhṛte | aneka–

rūpa–rūpāya viṣṇave prabha–viṣṇave ||
megha–śyāmaṃ pīta–kauśeya–vāsaṃ śrī–vatsāṅkam
kaustubhod–bhāsitāṅgam | puṇyopetaṃ puṇḍarī–kāya–
tākṣaṃ viṣṇuṃ vande sarva–lokaika–nātham || 4 ||
saśaṅkha–cakraṃ sakirīṭa–kuṇḍalaṃ sapīta–vastraṃ
sarasīruhe–kṣaṇam | sa–hāra–vakṣaḥsthala–kaustubha–
śriyaṃ namāmi viṣṇuṃ śirasā catur–bhujam || 5 ||
chāyāyāṃ pārijātasya hema–siṃhāsano–pari āsīnam–
ambuda–śyāma–māyatākṣam–alaṃkṛtam | candrā–nanaṃ
catur bāhuṃ śrī–vatsāṅkita vakṣasaṃ rukmiṇī satya–
bhāmā–bhyāṃ sahitaṃ kṛṣṇam āśraye || 6 ||

atha śrī viṣṇu–sahasra–nāmam The 1000 Glorious Names

oṃ viśvaṃ viṣṇur vaṣaṭkāro bhūta–bhavya–bhavat
prabhuḥ |
bhūta–kṛd–bhūta–bhṛd–bhāvo bhūtātmā bhūta–bhāvanaḥ
|| 1 ||

pūtātmā paramātmā ca muktānāṃ paramā gatiḥ |
avyayaḥ puruṣas sākṣī kṣetrajño–'kṣara eva ca || 2 ||
yogo yoga–vidāṃ netā pradhāna–puruṣeśvaraḥ |
nāra–siṃhavapuḥ śrīmān keśavaḥ puruṣot–tamaḥ || 3 ||
sarvaś śarvaś śivas sthāṇur–bhūtādir–nidhir–avyayaḥ |
sambhavo bhāvano bhartā prabhavaḥ prabhurīśvaraḥ ||
4 ||

svayambhūś śambhurādityaḥ puṣkarākṣo mahā–svanaḥ |
anādi–nidhano dhātā vidhātā dhāturuttamaḥ || 5 ||

aprameyo hṛṣīkeśaḥ padma–nābho–'mara–prabhuḥ |
viśva–karmā manus tvaṣṭā sthaviṣṭhas sthaviro dhruvaḥ ||
6 ||
agrāhyaś śāśvataḥ kṛṣṇo lohitākṣaḥ pratardanaḥ |
pra–bhūtastri–kakubdhāma pavitraṃ maṅgalaṃ param ||
7 ||
īśānaḥ prāṇadaḥ prāṇo jyeṣṭhaḥ śreṣṭhaḥ prajāpatiḥ |
hiraṇya–garbho bhū–garbho mādhavo madhu–sūdanaḥ ||
8 ||
īśvaro vikramī dhanvī medhāvī vikramaḥ kramaḥ |
anuttamo durā–dharṣaḥ kṛtajñaḥ kṛtir–ātmavān || 9 ||
sureśaś śaraṇaṃ śarma viśva–retāḥ prajā–bhavaḥ |
ahas saṃvatsaro vyālaḥ pratyayas sarva–darśanaḥ || 10 ||
ajas sarveśvaras siddhaḥ siddhis sarvādir–acyutaḥ |
vṛṣākapir–ameyātmā sarva–yoga–viniḥsṛtaḥ || 11 ||
vasur vasumanās satyas samātmā–'sammitas samaḥ |
amoghaḥ puṇḍarī–kākṣo vṛṣa–karmā vṛṣākṛtiḥ || 12 ||
rudro bahu–śirā babhrur viśva–yoniś śuci–śravāḥ |
amṛtaś śāśvata–sthāṇur–varāroho mahā–tapāḥ || 13 ||
sarvagas sarva–vid–bhānur–viṣvak–seno janārdanaḥ |
vedo veda–vidavyaṅgo vedāṅgo veda–vit–kaviḥ || 14 ||
lokādhyakṣas surādhyakṣo dharmādhyakṣaḥ kṛtākṛtaḥ |
catur–ātmā catur–vyūhaś catur–daṃṣṭraś catur–bhujaḥ ||
15 ||
bhrā–jiṣṇur bhojanaṃ bhoktā sahiṣṇur jagadādi–jaḥ |

anagho vijayo jetā viśvayoniḥ punar–vasuḥ || 16||

upendro vāmanaḥ prāṃśur–amoghaś śucirūr–jitaḥ |

atīndras saṅgrahas sargo dhṛtātmā niyamo yamaḥ || 17||

vedyo vaidyas sadā–yogī vīrahā mādhavo madhuḥ |

atīndriyo mahā–māyo mahot–sāho mahā–balaḥ || 18||

mahā–buddhir–mahā–vīryo mahā–śaktir mahā–dyutiḥ |

anirdeśya–vapuḥ śrīmān ameyātmā mahādri–dhṛk || 19||

maheṣvāso mahī–bhartā śrī–nivāsas satāṃ gatiḥ |

aniruddhas surānando govindo govidāṃ patiḥ || 20||

marīcir–damano haṃsas suparṇo bhujagot–tamaḥ |

hiraṇya–nābhas sutapāḥ padma–nābhaḥ prajā–patiḥ ||
21||

amṛtyus sarvadṛk siṃhas sandhātā sandhimān sthiraḥ |

ajo durmarṣaṇaś śāstā viśrutātmā surārihā || 22||

gurur gurutamo dhāma satyas satya–parākramaḥ |

nimiṣo–'nimiṣas sragvī vācas–patirudāradhīḥ || 23||

agraṇīr–grāmaṇīḥ śrīmān nyāyo netā samīraṇaḥ |

sahasra–mūrdhā viśvātmā sahasrākṣas sahasrapāt || 24||

āvartano nivṛttātmā saṃvṛtas sampramardanaḥ |

ahaḥsaṃvartako vahnir–anilo dharaṇī–dharaḥ || 25||

su–prasādaḥ prasann–ātmā viśva–dhṛg–viśva–bhug–vibhuḥ
|

sat–kartā sat–kṛtas sādhur jahnur nārāyaṇo naraḥ || 26||

asaṅkhyeyo–'prameyātmā viśiṣṭaḥ śiṣṭa–kṛc–chuciḥ |

siddhārthas siddha–saṅkalpas siddhidas siddhi–sādhanaḥ ||

27 ||

vṛṣāhī vṛṣabho viṣṇur–vṛṣaparvā vṛṣodaraḥ |
vardhano vardhamānaś ca viviktaḥ śruti–sāgaraḥ || 28 ||
subhujo durdharo vāgmī mahendro vasudo vasuḥ |
naika–rūpo bṛhad–rūpaḥ śipiviṣṭaḥ prakāśanaḥ || 29 ||
ojas–tejo–dyuti–dharaḥ prakāśātmā pratāpanaḥ |
ṛddhas spaṣṭākṣaro mantraś candrāṃśur bhāskara–dyutiḥ
|| 30 ||
amṛtāṃśūd–bhavo bhānuś śaśa–bindus sureśvaraḥ |
auṣadhaṃ jagatas setus satya–dharma–parākramaḥ || 31 ||
bhūta–bhavya–bhavan–nāthaḥ pavanaḥ pāvano–'nalaḥ |
kāma–hā kāma–kṛt–kāntaḥ kāmaḥ kāma–pradaḥ prabhuḥ
|| 32 ||
yugādi–kṛd–yugāvarto naikamāyo mahāśanaḥ |
adṛśyo vyakta–rūpaśca sahasra–jid–ananta–jit || 33 ||
iṣṭo–'viśiṣṭaś śiṣṭeṣṭaś śikhaṇḍī nahuṣo vṛṣaḥ |
krodha–hā krodha–kṛt–kartā viśva–bāhur–mahīdharaḥ ||
34 ||
acyutaḥ prathitaḥ prāṇaḥ prāṇado vāsavānujaḥ |
apānnidhir–adhiṣṭhānam–apramattaḥ pratiṣṭhitaḥ || 35 ||
skandas skandadharo dhuryo varado vāyu–vāhanaḥ |
vāsudevo bṛhad–bhānur–ādidevaḥ purandaraḥ || 36 ||
aśokas–tāraṇas–tāraḥ śūraś śaurir–janeśvaraḥ |
anukūlaś śatāvartaḥ padmī padma–nibhekṣaṇaḥ || 37 ||
padma–nābho–'ravindākṣaḥ padma–garbhaḥ śarīra–bhṛt |
maharddhir ṛddho vṛddhātmā mahākṣo garuḍa–dhvajaḥ ||

38 ||

atulaś śarabho bhīmas sama–yajño havir–hariḥ |
sarva–lakṣaṇa–lakṣaṇyo lakṣmīvān samitiñjayaḥ || 39 ||
vikṣaro rohito mārgo hetur–dāmodaras sahaḥ |
mahī–dharo mahā–bhāgo vega–vāna–mitāśanaḥ || 40 ||
udbhavaḥ kṣobhaṇo devaḥ śrī–garbhaḥ parameśvaraḥ |
karaṇaṃ kāraṇaṃ kartā vi–kartā gahano guhaḥ || 41 ||
vyavasāyo vyavasthānas saṃsthānas sthānado dhruvaḥ |
pararddhiḥ parama–spaṣṭas–tuṣṭaḥ puṣṭaḥ śubhekṣaṇaḥ ||
42 ||

rāmo virāmo virato mārgo neyo nayo–'nayaḥ |
vīraś śaktimatāṃ śreṣṭho dharmo dharma–viduttamaḥ ||
43 ||

vaikuṇṭhaḥ puruṣaḥ prāṇaḥ prāṇadaḥ praṇavaḥ pṛthuḥ |
hiraṇya–garbhaś śatrughno vyāpto vāyur–adhokṣajaḥ ||
44 ||

ṛtus sudarśanaḥ kālaḥ parameṣṭhī parigrahaḥ |
ugras saṃvatsaro dakṣo viśrāmo viśvadakṣiṇaḥ || 45 ||
vistāras sthāvara–sthāṇuḥ pramāṇaṃ bījam–avyayam |
artho–'nartho mahākośo mahābhogo mahādhanaḥ || 46 ||
anir–viṇṇaḥ sthaviṣṭho–'bhūr–dharmayūpo mahāmakhaḥ |
nakṣatra–nemir–nakṣatrī kṣamaḥ kṣāmas samīhanaḥ ||
47 ||

yajña ijyo mahejyaśca kratus satraṃ satāṅgatiḥ |
sarva–darśī vimukta–ātmā sarvajño jñānam–uttamam ||

48 ||

suvratas sumukhas sūkṣmas sughoṣas sukhadas suhṛt |
manoharo jita–krodho vīra–bāhur–vidāraṇaḥ || 49 ||
svāpanas svavaśo vyāpī naikātmā naika–karma–kṛt |
vatsaro vatsalo vatsī ratna–garbho dhaneśvaraḥ || 50 ||
dharma–gub–dharma–kṛd–dharmī sad–asat–kṣaram–
akṣaram |
avijñātā saha–srāṃśur–vidhātā kṛta–lakṣaṇaḥ || 51 ||
gabhas–tinemis sattvasthaḥ siṃho bhūta–maheśvaraḥ |
ādi–devo mahā–devo deveśo deva–bhṛd– guruḥ || 52 ||
uttaro gopatir–goptā jñāna–gamyaḥ purātanaḥ |
śarīra–bhūta–bhṛd–bhoktā kapīndro bhūri–dakṣiṇaḥ ||
53 ||

somapo–'mṛtapas somaḥ purujit puru–sattamaḥ |
vinayo jayas satyasandho dāśārhas sātvatāṃ patiḥ || 54 ||
jīvo vinayitā–sākṣī mukundo–'mita–vikramaḥ |
ambho–nidhir–anantātmā maho–dadhi–śayo–'ntakaḥ ||
55 ||

ajo mahārhas svābhāvyo jitāmitraḥ pramodanaḥ |
ānando nandano nandas satya–dharmā tri–vikramaḥ ||
56 ||

maharṣiḥ kapilācāryaḥ kṛtajño medinī–patiḥ |
tri–padas tri–daśādhyakṣo mahā–śṛṅgaḥ kṛtānta–kṛt || 57 ||
mahā–varāho govindas suṣeṇaḥ kanakāṅ–gadī |
guhyo gabhīro gahano guptaś cakra–gadā–dharaḥ || 58 ||

vedhās svaṅgo–'jitaḥ kṛṣṇo dṛḍhas saṅkarṣaṇo–'cyutaḥ |
varuṇo vāruṇo vṛkṣaḥ puṣkarākṣo mahā–manāḥ || 59 ||
bhagavān bhagahā–''nandī vanamālī halāyudhaḥ |
ādityo jyotirādityas sahiṣṇur–gati–sattamaḥ || 60 ||
sudhanvā khaṇḍa–paraśur–dāruṇo draviṇa–pradaḥ |
divaḥspṛk sarva–dṛg–vyāso vācaspatir–ayoni–jaḥ || 61 ||
trisāmā sāmagas sāma nirvāṇam bheṣajam bhiṣak |
sannyāsa–kṛcchamaś śānto niṣṭhā śāntiḥ parāyaṇam || 62 ||
śubhāṅgaś śāntidas sraṣṭā kumudaḥ kuvale–śayaḥ |
gohito gopatir–goptā vṛṣabhākṣo vṛṣa–priyaḥ || 63 ||
anivartī nivṛttātmā saṅkṣeptā kṣema–kṛcchivaḥ |
śrīvatsa–vakṣāḥ śrīvāsaḥ śrīpatiḥ śrīmatāṃ varaḥ || 64 ||
śrīdaḥ śrīśaḥ śrīnivāsaḥ śrīnidhiḥ śrīvibhāvanaḥ |
śrīdharaḥ śrīkaraḥ śreyaḥ śrīmāṃlloka–trayāśrayaḥ || 65 ||
svakṣas svaṅgaś śatānando nandir–jyotir–gaṇeśvaraḥ |
vijitātmā–'vidheyātmā sat–kīrtiś chinna–saṃśayaḥ || 66 ||
udīrṇas sarvataś cakṣur–anīśaś śāśvata–sthiraḥ |
bhūṣayo bhūṣaṇo bhūtirviśokaśśokanāśanaḥ || 67 ||
arciṣmān arcitaḥ kumbho viśuddhātmā viśodhanaḥ |
aniruddho–'pratirathaḥ pradyumno–'mita–vikramaḥ ||
68 ||
kāla–nemi–nihā vīraś śauriś śūra–janeśvaraḥ |
tri–loka–ātmā tri–lokeśaḥ keśavaḥ keśihā hariḥ || 69 ||
kāma–devaḥ kāma–pālaḥ kāmī kāntaḥ kṛtā–gamaḥ |
anir–deśya–vapur viṣṇur vīro–'nanto dhanañjayaḥ || 70 ||

brahmaṇyo brahma–kṛd–brahmā brahma brahma–
vivardhanaḥ |
brahma–vid brāhmaṇo brahmī brahmajño brāhmaṇa–
priyaḥ || 71 ||
mahā–kramo mahā–karmā mahā–tejā maho–ragaḥ |
mahā–kratur mahā–yajvā mahā–yajño mahā–haviḥ || 72 ||
stavyas stava–priyas stotraṃ stutis stotā raṇa–priyaḥ |
pūrṇaḥ pūrayitā puṇyaḥ puṇya–kīrtir anāmayaḥ || 73 ||
mano–javas tīrtha–karo vasu–retā vasu–pradaḥ |
vasu–prado vāsu–devo vasur vasu–manā haviḥ || 74 ||
sad–gatis sat–kṛtis sattā sad–bhūtis sat–parāyaṇaḥ |
śūra–seno yadu–śreṣṭhas sanni–vāsas suyā–munaḥ || 75 ||
bhūtā–vāso vāsu–devas sarvā–sunilayo–'nalaḥ |
darpahā darpado dṛpto dur–dharo–'thāparā–jitaḥ || 76 ||
viśva–mūrtir mahā–mūrtir dīpta–mūrtir amūrti–mān |
aneka–mūrtir avyaktaś śata–mūrtiś śatānanaḥ || 77 ||
eko naikas savaḥ kaḥ kiṃ yat tat padam–anuttamam |
loka–bandhur loka–nātho mādhavo bhakta–vatsalaḥ ||
78 ||
suvarṇa–varṇo hemāṅgo varāṅgaś canda–nāṅgadī |
vīra–hā viṣa–maś śūnyo ghṛtāśīr acalaś calaḥ || 79 ||
amānī mānado mānyo loka–svāmī tri–loka–dhṛk |
sumedhā medhajo dhanyas satya–medhā dharā–dharaḥ ||
80 ||
tejo–vṛṣo dyuti–dharas sarva–śastra–bhṛtāṃ varaḥ |
pra–graho ni–graho vyagro naika–śṛṅgo gadā–grajaḥ ||

81 ||

catur–mūrtiś catur–bāhuś catur–vyūhaś catur–gatiḥ |

catur–ātmā catur–bhāvaś catur–veda–videka–pāt || 82 ||

samāvarto–'nivṛtta–ātmā dur–jayo dur–ati–kramaḥ |

durlabho durgamo durgo durā–vāso durā–rihā || 83 ||

śubhāṅgo loka–sāraṅgas sutantus tantu–vardhanaḥ |

indra–karmā mahā–karmā kṛta–karmā kṛta–āgamaḥ || 84 ||

udbhavas sundaras sundo ratna–nābhas su–locanaḥ |

arko vāja–sanaś śṛṅgī jayantas sarva–vijjayī || 85 ||

suvarṇa–bindur akṣobhyas sarva–vāgīś–vareś–varaḥ |

mahā–hrado mahā–garto mahā–bhūto mahā–nidhiḥ ||
86 ||

kumudaḥ kundaraḥ kundaḥ parjanyaḥ pāvano–'nilaḥ |

amṛtāśo–'mṛta–vapus sarvajñas sarvato–mukhaḥ || 87 ||

su–labhas su–vratas siddhaś śatru–jic–chatru–tāpanaḥ |

nyagrodha udumbaro–'śvatthaś cāṇū–rāndhra–niṣūdanaḥ
|| 88 ||

sahasrār–cis sapta–jihvas saptaidhās sapta–vāhanaḥ |

amūrtir anagho–'cintyo bhaya–kṛd bhaya–nāśanaḥ || 89 ||

aṇur bṛhat kṛśas sthūlo guṇa–bhṛn nir–guṇo mahān |

a–dhṛtas sva–dhṛtas svāsyaḥ prāg–vaṃśo vaṃśa–
vardhanaḥ || 90 ||

bhāra–bhṛt kathito yogī yogī–śas sarva–kāma–daḥ |

āśramaḥ śramaṇaḥ kṣāmas su–parṇo vāyu–vāhanaḥ || 91 ||

dhanur–dharo dhanur–vedo daṇḍo dama–yitā damaḥ |

a–parā–jitas sarva–saho niyantā–'niyamo–'yamaḥ || 92 ||

sattva–vān sāttvikas satyas satya–dharma–parāyaṇaḥ |
abhi–prāyaḥ priyār–ho'rhaḥ priya–kṛt–prīti–vardhanaḥ || 93 ||

vihāyasa–gatir–jyotis su–rucir huta–bhug vibhuḥ |
ravir virocanas sūryas savitā ravi–locanaḥ || 94 ||
ananto huta–bhug bhoktā sukhado naika–jo–'grajaḥ |
anir–viṇṇas sadā–marṣī lokā–dhiṣṭhānam adbhutaḥ || 95 ||
sanāt sanātana–tamaḥ kapilaḥ kapir apyayaḥ |
svasti-das svasti-kṛt svasti svasti–bhuk svasti–dakṣiṇaḥ || 96 ||

araudraḥ kuṇḍalī cakrī vikramyūr–jita–śāsanaḥ |
śabdā–tigaś śabda–sahaḥ śiśi–raś śarvarī–karaḥ || 97 ||
akrūraḥ peśalo dakṣo dakṣiṇaḥ kṣamiṇāṃ varaḥ |
vid–vat–tamo vīta–bhayaḥ puṇya–śravaṇa–kīrtanaḥ || 98 ||
ut–tāraṇo duṣ–kṛti–hā puṇyo duḥsvapna–nāśanaḥ |
vīra–hā rakṣa–ṇas santo jīvanaḥ parya–vasthitaḥ || 99 ||
ananta–rūpo–'nanta–śrīr jita–manyur bhayā–pahaḥ |
caturaśro gabhīr–ātmā vi–diśo vyā–diśo diśaḥ || 100 ||
anādir bhūr–bhuvo lakṣmīs suvīro ruci–rāṅgadaḥ |
janano jana–janmādir bhīmo bhīma–parā–kramaḥ || 101 ||
ādhāra–nilayo–'dhātā puṣpa–hāsaḥ prajā–garaḥ |
ūrdhva–gas sat–pathā–cāraḥ prāṇa–daḥ praṇavaḥ paṇaḥ || 102 ||

pramāṇaṃ prāṇa–nilayaḥ prāṇa–bhṛt–prāṇa–jīvanaḥ |
tattvaṃ tattva–videkātmā janma–mṛtyu–jarā–tigaḥ ||

103 ||

bhūr–bhuvaḥsvas–tarus tāras savitā pra–pitā–mahaḥ |

yajño yajña–patir–yajvā yajñāṅgo yajña–vāhanaḥ || 104 ||

yajña–bhṛd yajña–kṛda yajñī yajña–bhug yajña–sādhanaḥ |

yajñānta–kṛd yajña–guhyam annam annāda eva ca || 105 ||

ātma–yonis svayañ–jāto vaikhānas sāma–gāyanaḥ |

devakī–nandanas sraṣṭā kṣitīśaḥ pāpa–nāśanaḥ || 106 ||

śaṅkha–bhṛn–nandakī cakrī śārṅga–dhanvā gadā–dharaḥ |

rathāṅga–pāṇir–akṣobhyas sarva–praharaṇā–yudhaḥ || 107 ||

End of the 1000 names

sarvapraharaṇāyudha oṃ nama iti |

vana–mālī gadī śārṅgī śaṅkhī cakrī ca nandakī |

śrīmān nārāyaṇo viṣṇur vāsudevo–'bhirakṣatu || 108 ||

Repeat 3 times

śrī vāsudevo'bhirakṣatu oṃ nama iti |

uttara–nyāsaḥ , phala–śrutiḥ Fruits of Chanting

Ending the Chant with verses that glorify and list the benefits is again a common practice in Bharata.

bhīṣma uvāca The Grandsire Bhishma concludes

itīdaṃ kīrtanī–yasya keśa–vasya mahāt–manaḥ |

nāmnāṃ sahasraṃ divyā–nām–aśeṣeṇa prakīrti–tam || 1 ||
ya idaṃ śṛṇu–yān–nityaṃ yaścāpi pari–kīrtayet |
nā–śubhaṃ prāpnu–yāt kiñcit so–'mutreha ca mānavaḥ ||
2 ||
vedānta–go brāhmaṇas syāt kṣatriyo vijayī bhavet |
vaiśyo dhana–samṛddhas syāc chūdras sukham avāpnu–yāt
|| 3 ||
dharmārthī prāpnuyād dharmam arthārthī cārtham
āpnuyāt |
kāmān avāpnuyāt kāmī prajārthī cāpnuyāt prajām || 4 ||
bhaktimān yas sadotthāya śucis tad gata–mānasaḥ |
sahasraṃ vāsudevasya nām–nāma etat prakīrtayet || 5 ||
yaśaḥ prāpnoti vipulaṃ yāti prādhānyam eva ca |
acalāṃ śriyam āpnoti śreyaḥ prāpnotya–nuttamam || 6 ||
na bhayaṃ kvacid āpnoti vīryaṃ tejaś ca vindati |
bhavatya–rogo dyutimān bala–rūpa–guṇān–vitaḥ || 7 ||
rogārto mucyate rogād baddho mucyeta bandhanāt |
bhayān mucyeta bhītas tu mucye–tāpan na āpadaḥ || 8 ||
durgāṇyati–taratyāśu puruṣaḥ puruṣottamam |
stuvan nāma–sahasreṇa nityaṃ bhakti–samanvitaḥ || 9 ||
vāsu–devāśrayo martyo vāsudeva–parāyaṇaḥ |
sarva–pāpa–viśuddhātmā yāti brahma sanātanam || 10 ||
na vāsudeva–bhaktānām aśubhaṃ vidyate kvacit |
janma–mṛtyu–jarā–vyādhi–bhayaṃ naivopa–jāyate || 11 ||
imaṃ stavam adhīyānaḥ śraddhā–bhakti–samanvitaḥ |
yujyetātma–sukha–kṣānti–śrī–dhṛti–smṛti–kīrti–bhiḥ ||

12 ||

na krodho na ca mātsaryaṃ na lobho nāśubhā matiḥ |

bhavanti kṛta–puṇyānāṃ bhaktānāṃ puruṣottame || 13 ||

dyaus sa–candrārka–nakṣatrā khaṃ diśo bhūr–maho–

dadhiḥ |

vāsudevasya vīryeṇa vidhṛtāni mahātmanaḥ || 14 ||

sasurā–sura–gandharvaṃ sa–yakṣo–raga–rākṣasam |

jagad vaśe vartatedaṃ kṛṣṇasya sa–carā–caram || 15 ||

indriyāṇi mano buddhis sattvaṃ tejo balaṃ dhṛtiḥ |

vāsudevātmakānyāhuḥ kṣetraṃ kṣetrajña eva ca || 16 ||

sarvā–gamānām ācāraḥ prathamaṃ pari–kalpate |

ācāra–prabhavo dharmo dharmasya prabhur acyutaḥ ||

17 ||

ṛṣayaḥ pitaro devā mahā–bhūtāni dhātavaḥ |

jaṅgamājaṅgamaṃ cedaṃ jagan nārāyaṇod bhavam || 18 ||

yogo jñānaṃ tathā sāṅkhyaṃ vidyāś śilpādi karma ca |

vedāś śāstrāṇi vijñānam etat sarvaṃ janārdanāt || 19 ||

eko viṣṇur mahad bhūtaṃ pṛthag bhatānyanekaśaḥ |

trīṃllokān vyāpya bhūtātmā bhuṅkte viśva–bhug avyayaḥ

|| 20 ||

imaṃ stavaṃ bhagavato viṣṇor vyāsena kīrtitam |

paṭhed ya icchet puruṣaḥ śreyaḥ prāptuṃ sukhāni ca ||

21 ||

viśveśvaram ajaṃ devaṃ jagataḥ prabhum avyayam |

bhajanti ye puṣkarākṣaṃ na te yānti parā–bhavam || 22 ||

na te yānti parābhavam oṃ nama iti |

arjuna uvāca The Foremost Disciple echoes

padma–patra–viśālākṣa padma–nābha surottama |

bhaktānām anuraktānāṃ trātā bhava janārdana || 23 ||

śrī bhagavān uvāca Lord Sri Krishna confirms

yo māṃ nāma–sahasreṇa stotum icchati pāṇḍava |

so'ham ekena ślokena stuta eva na saṃśayaḥ || 24 ||

stuta eva na saṃśaya oṃ nama iti |

vyāsa uvāca The Chronicler Veda Vyasa states

vāsanād vāsudevasya vāsitaṃ bhuvana–trayam |

sarvabhūta–nivāso'si vāsudeva namo'stu te || 25 ||

śrī vāsudeva namo'stuta oṃ nama iti |

pārvatyuvāca Goddess Parvati exclaims

kenopāyena laghunā viṣṇor nāma–sahasra–kam |

paṭhyate paṇḍitair nityaṃ śrotum icchāmyahaṃ prabho || 26 ||

īśvara uvāca Lord Shiva responds

śrīrāma rāma rāmeti rame rāme manorame |

sahasra–nāma tat tulyaṃ rāma nāma varānane || 27 ||

repeat 3 times

śrīrāmanāma varānana oṃ nama iti |

brahmovāca Lord Brahma the Creator says

namo–'stva–nantāya sahasra–mūrtaye sahasra–pādākṣi–śiroru–bāhave |

sahasra–nāmne puruṣāya śāśvate sahasra–koṭi–yuga–dhāriṇe namaḥ ‖ 28‖

sahasrakoṭiyugadhāriṇa oṃ nama iti |

sañjaya uvāca The Narrator Sanjaya said

yatra yogeśvaraḥ kṛṣṇo yatra pārtho dhanurdharaḥ |

tatra śrīr vijayo bhūtir dhruvā nītir matir mama ‖ 29‖

śrī bhagavān uvāca Lord Sri Krishna certified

ananyāś cintayanto māṃ ye janāḥ paryupāsate |

teṣāṃ nityābhi–yuktānāṃ yoga–kṣemaṃ vahāmyaham ‖ 30‖

paritrāṇāya sādhūnāṃ vināśāya ca duṣkṛtām |

dharma–saṃsthā–panārthāya sambha–vāmi yuge yuge ‖ 31‖

ārtāḥ viṣaṇṇāḥ śithilāśca bhītāḥ ghoreṣu ca vyādhiṣu vartamānāḥ |

saṅkīrtya nārāyaṇa–śabda–mātraṃ vimukta–duḥkhāḥ sukhino bhavantu ‖ 32‖

bhakta uvāca The reciting Devotee ends with

kāyena vācā manasendriyairvā buddhyātmanā vā prakṛteḥ svabhāvāt |

karomi yad yat sakalaṃ parasmai nārāyaṇāyeti samarpayāmi || 33 ||

|| iti mahābhārate anuśāsanaparvaṇi bhīṣmayudhiṣṭhirasaṃvāde śrīviṣṇor-divya-sahasranāma-stotraṃ sampūrṇam || oṃ tat sat ||

Ending Prayer

gurur brahmā gurur viṣṇuḥ gurur devo maheśvaraḥ | gurus sākṣāt parabrahma tasmai śrīgurave namaḥ ||

śrī gurubhyo namaḥ hariḥ oṃ | śrī kṛṣṇārpaṇamastu ||

Latin Transliteration Chart

International Alphabet of Sanskrit Transliteration (I.A.S.T.)

a	ā	i	ī	u	ū	ṛ	ṝ		ḷ	
अ	आ	इ	ई	उ	ऊ	ऋ	ॠ		ऌ	
						ॢ	ॣ		ॢ	
e	ai	o	au	ṃ	m̐	ḥ	Ardha Visarga		oṃ	
ए	ऐ	ओ	औ	◌ं	◌ँ	◌ः	✕		ॐ	
Consonants are shown with vowel 'a= अ' for uttering										
ka	क	ca	च	ṭa	ट	ta	त		pa	प
kha	ख	cha	छ	ṭha	ठ	tha	थ		pha	फ
ga	ग	ja	ज	ḍa	ड	da	द		ba	ब
gha	घ	jha	झ	ḍha	ढ	dha	ध		bha	भ
ṅa	ङ	ña	ञ	ṇa	ण	na	न		ma	म
ya	ra	la	va		ḷa	'				
य	र	ल	व		ळ	ऽ				
				Consonant only						
śa	ṣa	sa	ha		ka	क्अ = क				
श	ष	स	ह		k	क्				

The symbol ꣳ is pronounced as गुं guṃ. It is an ayogavaha अयोगवाह sound seen in Vedic literature due to Sandhi.

Pronunciation of Sanskrit Letters

उच्चारणम्

अ sOn आ fAther इ It ई bEAt उ fUll ऊ pOOl ऋ Rhythm

ॠ maRIne ऌ reveLRy ॡ ए plAy ऐ AIsle ओ gO औ lOUd

अं Anusvara is pure nasal – close the lips – similar to म्

अः Visarga is Breath release like ह् and preceding vowel sound

e.g. Pronounce नमः as नमह , शान्तिः as शान्तिहि , विष्णुः as विष्णुहु

क seeK	ख KHan	ग Get	घ loGHut	ङ siNG
च CHunk	छ catCHHim	ज Jump	झ heDGEhog	ञ buNch
ट True	ठ anTHill	ड Drum	ढ goDHead	ण uNder
त Tamil	थ THunder	द THat	ध breaTHE	न Nut
प Put	फ Fruit	ब Bin	भ aBHor	म Much

य loYal र Red ल Luck व Vase श Sure ष Shun स So Hum ह

Conjuncts in general – first utter the top part and then the bottom one, e.g.

Bhagavad Gita 10.16 तिष्ठसि -> ष् ठ ,

Bhagavad Gita 10.23 शङ्करश्चास्मि -> ङ् क , श् च

Specific Conjuncts

ह् ण = ह्ण , ह् न = ह्न , ह् म = ह्म

Utter with emphasis on the chest, first the nasal and then the aspiration,

e.g. Brahma = ब्रह्म *Pronounce as **Bramha***

Vedic Meter or Tune अनुष्टुप् छन्दः

The Stotra is written and sung in a definite meter known as the Anuṣṭup Chandaḥ. अनुष्टुप् छन्दः ।

In the system of classification of tunes, the 8th tune is named Anushtup. The rules of this chord are stated in this verse.

द्वात्रिशद् अक्षर-अनुष्टुप् ,   चत्वारः अष्ट-अक्षरा गणाः ।

श्लोके षष्ठं गुरु ज्ञेयं ,   सर्वत्र लघु पञ्चमम् ।

द्विचतुःपादयोर्ह्रस्वं सप्तमं ,   दीर्घम् अन्ययोः ॥

<u>Translation of this shloka</u>
- This meter consists of 32 syllables in one verse, each verse contains 4 quarters (padas) of 8 syllables each.
- In each pada 6th syllable is दीर्घः dīrghaḥ, 5th syllable is ह्रस्वः hrasvah.
- In 2nd and 4th quarters, 7th syllable is hrasvaḥ ह्रस्वः , in remaining it is dīrghaḥ दीर्घः (i.e. 7th syllable in 1st and 3rd quarters) ॥

We find in gurukuls that while chanting the Bhagavad Gita, there is a definite pause at each quarter verse. However in chanting the Vishnu Sahasranama, every verse flows smoothly. We must simply know the emphasized syllables during recitation.

e.g. Verse 1 Quarter 1 विश्वं विष्णुर् वषट्कारो Each Syllable

1	2	3	4	5	6	7	8
विश्	वं	विष्	णुर्	व	षट्	का	रो
					ह्रस्वः	दीर्घः	दीर्घः

Verse 1 Quarter 2 भूतभव्यभवत् प्रभुः । Each Syllable

1	2	3	4	5	6	7	8
भूत	भव्	य	भ	वत्	प्र	भु	:
						ह्रस्वः	

Verse 1 Quarter 3 भूतकृद्भूतभृद्भावो Each Syllable

1	2	3	4	5	6	7	8
भू	त	कृद्	भू	त	भृद्	भा	वो
							दीर्घः

Verse 1 Quarter 4 भूतात्मा भूतभावनः ॥ Each Syllable

1	2	3	4	5	6	7	8
भू	तात्	मा	भू	त	भा	व	नः
							ह्रस्वः

References

Author-Title-Year-Edition-Publisher

- R. Ananthakrishna Sastry – The Vishnu Sahasranama with the Bhasya of Sankaracharya - 1927-1st – Theosophical Publishing House, Madras
- Bhola - श्रीविष्णुसहस्रनाम श्रीआद्यशंकराचार्यकृत भाष्य -1934 – 1st – Gita Press, Gorakhpur
- Various – श्रीविष्णुसहस्रनामस्तोत्रम् (मूलमात्रम्) – 1934 – 1st – Gita Press, Gorakhpur
- https://sanskritdocuments.org/doc_vishhnu/vsahasranew.html
- https://www.swami-krishnananda.org/vishnu/vishnu_1.html

Audio Chanting

Vishnu Sahasranamam Full in Sanskrit, Shemaroo Bhakti
https://www.youtube.com/watch?v=SHjcWy_tf6g

Vyoma Linguistics Labs Foundation, Bangalore
https://www.sanskritfromhome.in/course/chant_vishnusahasranama/

Vishnu Sahasranamam Full Version Original, Spiritual India
https://www.youtube.com/watch?v=zKC17254flc

Vishnu Sahasranam Chanting, The Art of Living
https://www.youtube.com/watch?v=zdFgDARoFeY

The 1000 Names Alphabetical Listing

This lists the 1000 names of the Lord. These are not just names, rather these are the Glories of the Lord, the attributes, skill-sets, traits and wonders.

It is the reason why we say the Lord is Infinite.

These qualities span the entire spectrum of thought and emotion. These names represent the unity in diversity. They speak of the mind-boggling skills that are a composite of the integrity in the entire creation.

Each one of us in our purer states mirrors these traits.

Each one of us can identify with one or more such virtues and sense the Divine within.

This is the path to liberation. It is the sublime yet easy way out of bondage, entanglement, fear, guilt, doubt or frustration.

Chant these names, sing the glories, thereby become pure in thought-word-deed and attain immortality.

SNo	Name	Latin	Meaning	Verse

915	अक्रूरः	akrūraḥ		98
17	अक्षरः	akṣaraḥ	Undecaying	2
481	अक्षरम्	akṣaram		51
801	अक्षोभ्यः	akṣobhyaḥ		86
999	अक्षोभ्यः	akṣobhyaḥ		107
891	अग्रजः	agrajaḥ		95
218	अग्रणीः	agraṇīḥ		24
		Leads the Sadhakas to Nirvana		
55	अग्राह्यः	agrāhyaḥ	Non-graspable	7
745	अचलः	acalaḥ		79
832	अचिन्त्यः	acintyaḥ		89
100	अच्युतः	acyutaḥ	Undisturbed	11
318	अच्युतः	acyutaḥ		35
95	अजः	ajaḥ	Unborn	11
204	अजः	ajaḥ	The Movement	22
521	अजः	ajaḥ		56
549	अजितः	ajitaḥ		59
835	अणुः	aṇuḥ		90
157	अतीन्द्रः	atīndraḥ	Transcends the Senses	17
169	अतीन्द्रियः	atīndriyaḥ	Overcomes Senses	18
355	अतुलः	atulaḥ		52
304	अदृश्यः	adṛśyaḥ		33
895	अद्भुतः	adbhutaḥ		95

951	अधाता / धाता	adhātā / dhātā		102
324	अधिष्ठानम्	adhiṣṭhānam		35
842	अधृतः	adhṛtaḥ		90
415	अधोक्षजः	adhokṣajaḥ		44
146	अनघः	anaghaḥ	Unstained	16
831	अनघः	anaghaḥ		89
659	अनन्तः	anantaḥ		70
886	अनन्तः	anantaḥ		95
307	अनन्तजित्	anantajit		33
932	अनन्तरूपः	anantarūpaḥ		100
933	अनन्तश्रीः	anantaśrīḥ		100
518	अनन्तात्मा	anantātmā		55
400	अनयः	anayaḥ		43
431	अनर्थः	anarthaḥ		46
293	अनलः	analaḥ		32
711	अनलः	analaḥ		76
941	अनादिः	anādiḥ		101
42	अनादिनिधनः	anādinidhanaḥ Without Birth or Death		5
689	अनामयः	anāmayaḥ		73
215	अनिमिषः	animiṣaḥ Continuously Staring with alertness		23
865	अनियमः	aniyamaḥ		92
185	अनिरुद्धः	aniruddhaḥ	Unopposed	20

638	अनिरुद्धः	aniruddhaḥ		68
177	अनिर्देश्यवपुः	anirdeśyavapuḥ		19
		Indescribable anatomy		
656	अनिर्देश्यवपुः	anirdeśyavapuḥ		70
435	अनिर्विण्णः	anirviṇṇaḥ		47
892	अनिर्विण्णः	anirviṇṇaḥ		95
234	अनिलः	anilaḥ		25
812	अनिलः	anilaḥ		87
596	अनिवर्ती	anivartī		64
774	अनिवृत्तात्मा / निवृत्तात्मा	anivṛttātmā / nivṛttātmā		83
626	अनीशः	anīśaḥ		67
342	अनुकूलः	anukūlaḥ		37
80	अनुत्तमः	anuttamaḥ	Unexcelled	9
721	अनेकमूर्तिः	anekamūrtiḥ		77
520	अन्तकः	antakaḥ		55
983	अन्नम्	annam		105
984	अन्नादः	annādaḥ		105
716	अपराजितः	aparājitaḥ		76
862	अपराजितः	aparājitaḥ		92
323	अपां निधिः	apāṃ nidhiḥ		35
900	अप्ययः	apyayaḥ	Vanishing in	96
639	अप्रतिरथः	apratirathaḥ		68
325	अप्रमत्तः	apramattaḥ		35

46	अप्रमेयः	aprameyaḥ	Unnoticeable by Senses	6
248	अप्रमेयात्मा	aprameyātmā		27
871	अभिप्रायः	abhiprāyaḥ		93
437	अभूः / भूः	abhūḥ / bhūḥ		47
49	अमरप्रभुः	amaraprabhuḥ Lord of Immortality		6
747	अमानी	amānī		80
516	अमितविक्रमः	amitavikramaḥ		55
641	अमितविक्रमः	amitavikramaḥ		68
372	अमिताशनः	amitāśanaḥ		40
830	अमूर्तिः	amūrtiḥ		89
720	अमूर्तिमान्	amūrtimān		77
119	अमृतः	amṛtaḥ	Nectar	13
504	अमृतपः	amṛtapaḥ		54
814	अमृतवपुः	amṛtavapuḥ		87
283	अमृतांशूद्भवः	amṛtāṃśūdbhavaḥ		31
813	अमृताशः	amṛtāśaḥ		87
198	अमृत्युः	amṛtyuḥ	Undying	22
102	अमेयात्मा	ameyātmā	Undefined	11
179	अमेयात्मा	ameyātmā	Beyond Intellect	19
110	अमोघः	amoghaḥ	Unobstructed	12
154	अमोघः	amoghaḥ	Fruitful	17
517	अम्भोनिधिः	ambhonidhiḥ		55

866	अयमः	ayamaḥ		92
347	अरविन्दाक्षः	aravindākṣaḥ		38
906	अरौद्रः	araudraḥ		97
795	अर्कः	arkaḥ		85
634	अर्चितः	arcitaḥ		68
633	अर्चिष्मान्	arciṣmān		68
430	अर्थः	arthaḥ		46
873	अर्हः	arhaḥ		93
482	अविज्ञाता	avijñātā		51
621	अविधेयात्मा	avidheyātmā		66
309	अविशिष्टः	aviśiṣṭaḥ		34
722	अव्यक्तः	avyaktaḥ		77
129	अव्यङ्गः	avyaṅgaḥ	Unmanifest	14
13	अव्ययः	avyayaḥ	Unmodified	2
30	अव्ययः	avyayaḥ	Untamperable	4
336	अशोकः	aśokaḥ		37
824	अश्वत्थः	aśvatthaḥ		88
247	असङ्ख्येयः	asaṅkhyeyaḥ		27
479	असत्	asat		51
89	अहः	ahaḥ	Daylight	10
232	अहःसंवर्तकः	ahaḥsaṃvartakaḥ		25
985	आत्मयोनिः	ātmayoniḥ		106
84	आत्मवान्	ātmavān	Centered	9

39	आदित्यः	ādityaḥ	The Sun	5
563	आदित्यः	ādityaḥ		60
334	आदिदेवः	ādidevaḥ		36
490	आदिदेवः	ādidevaḥ		52
950	आधारनिलयः	ādhāranilayaḥ		102
526	आनन्दः	ānandaḥ		56
560	आनन्दी	ānandī		60
228	आवर्तनः	āvartanaḥ		25
852	आश्रमः	āśramaḥ		91
446	इज्यः	ijyaḥ		48
786	इन्द्रकर्मा	indrakarmā		84
308	इष्टः	iṣṭaḥ		34
64	ईशानः	īśānaḥ	Chief Regulator	8
36	ईश्वरः	īśvaraḥ	Overlord	4
74	ईश्वरः	īśvaraḥ	Most Potent	9
421	उग्रः	ugraḥ		45
494	उत्तरः	uttaraḥ		53
923	उत्तारणः	uttāraṇaḥ		99
624	उदीर्णः	udīrṇaḥ		67
823	उदुम्बरः	udumbaraḥ		88
373	उद्भवः	udbhavaḥ		41
790	उद्भवः	udbhavaḥ		85
151	उपेन्द्रः	upendraḥ	Above the Senses	17

156	ऊर्जितः	ūrjitaḥ Immensely Strong	17
910	ऊर्जितशासनः	ūrjitaśāsanaḥ	97
954	ऊर्ध्वगः	ūrdhvagaḥ	102
416	ऋतुः	ṛtuḥ	45
278	ऋद्धः	ṛddhaḥ	30
351	ऋद्धः	ṛddhaḥ	38
725	एकः	ekaḥ	78
772	एकपात्	ekapāt	82
965	एकात्मा	ekātmā	103
275	ओजस्तेजोद्युतिधरः	ojastejodyutidharaḥ	30
287	औषधं	auṣadham	31
728	कः	kaḥ	78
848	कथितः	kathitaḥ	91
541	कनकाङ्गदी	kanakāṅgadī	58
899	कपिः	kapiḥ	96
898	कपिलः	kapilaḥ	96
501	कपीन्द्रः	kapīndraḥ	53
378	करणं	karaṇam	41
380	कर्ता	kartā	41
132	कविः	kaviḥ Scholarly Seer	14
654	कान्तः	kāntaḥ	70
296	कान्तः	kāntaḥ	32
297	कामः	kāmaḥ	32

295	कामकत्	kāmakat	32
651	कामदेवः	kāmadevaḥ	70
652	कामपालः	kāmapālaḥ	70
298	कामप्रदः	kāmapradaḥ	32
294	कामहा	kāmahā	32
653	कामी	kāmī	70
379	कारणं	kāraṇam	41
418	कालः	kālaḥ	45
642	कालनेमिनिहा	kālaneminihā	69
729	किं	kiṃ	78
907	कुण्डली	kuṇḍalī	97
809	कुन्दः	kundaḥ	87
808	कुन्दरः	kundaraḥ	87
589	कुमुदः	kumudaḥ	63
807	कुमुदः	kumudaḥ	87
635	कुम्भः	kumbhaḥ	68
590	कुवलेशयः	kuvaleśayaḥ	63
788	कृतकर्मा	kṛtakarmā	84
82	कृतज्ञः	kṛtajñaḥ Knower of Deeds	9
532	कृतज्ञः	kṛtajñaḥ	57
485	कृतलक्षणः	kṛtalakṣaṇaḥ	51
136	कृताकृतः	kṛtākṛtaḥ Effect and Its Cause	15
655	कृतागमः	kṛtāgamaḥ	70

789	कृतागमः	kṛtāgamaḥ		84
537	कृतान्तकृत्	kṛtāntakṛt		57
83	कृतिः	kṛtiḥ	Effortless Effort	9
837	कृशः	kṛśaḥ		90
57	कृष्णः	kṛṣṇaḥ	Most Attractive	7
550	कृष्णः	kṛṣṇaḥ		59
23	केशवः	keśavaḥ Having gorgeous hair		3
648	केशवः	keśavaḥ		69
649	केशिहा	keśihā		69
448	क्रतुः	kratuḥ		48
79	क्रमः	kramaḥ The stepwise Mover		9
315	क्रोधकृत्कर्ता	krodhakṛtkartā		34
314	क्रोधहा	krodhahā		34
442	क्षमः	kṣamaḥ		47
919	क्षमिणां वरः	kṣamiṇāṃ varaḥ		98
480	क्षरम्	kṣaram		51
443	क्षामः	kṣāmaḥ		47
854	क्षामः	kṣāmaḥ		91
991	क्षितीशः	kṣitīśaḥ		106
16	क्षेत्रज्ञः kṣetrajñaḥ Knower of Ambience			2
599	क्षेमकृत्	kṣemakṛt		64
374	क्षोभणः	kṣobhaṇaḥ		41
568	खण्डपरशुः / अखण्डपरशुः			61

566	गतिसत्तमः	gatisattamaḥ		60
764	गदाग्रजः	gadāgrajaḥ		81
997	गदाधरः	gadādharaḥ		107
486	गभस्तिनेमिः	gabhastinemiḥ		52
543	गभीरः	gabhīraḥ		58
937	गभीरात्मा	gabhīrātmā		100
354	गरुडध्वजः	garuḍadhvajaḥ		38
382	गहनः	gahanaḥ		41
544	गहनः	gahanaḥ		58
839	गुणभृत्	guṇabhṛt		90
545	गुप्तः	guptaḥ		58
209	गुरुः	guruḥ	Master	23
210	गुरुतमः	gurutamaḥ Supreme Master		23
383	गुहः	guhaḥ		41
542	गुह्यः	guhyaḥ		58
495	गोपतिः	gopatiḥ		53
592	गोपतिः	gopatiḥ		63
496	गोप्ता	goptā		53
593	गोप्ता	goptā		63
188	गोबिदां पतिः	govidāṃ patiḥ Lord of the Wise		20
187	गोविन्दः	govindaḥ Lord of the Innocent		20
539	गोविन्दः	govindaḥ		58

591	गोहितः	gohitaḥ	63
219	ग्रामणीः	grāmaṇīḥ Leader of Close-knit groups	24
744	घृताशीः	ghṛtāśīḥ	79
546	चक्रगदाधरः	cakragadādharaḥ	58
908	चक्री	cakrī	97
995	चक्री	cakrī	107
936	चतुरश्रः	caturaśraḥ	100
137	चतुरात्मा	Caturātmā Fourfold in Nature	15
769	चतुरात्मा	caturātmā	82
768	चतुर्गतिः	caturgatiḥ	82
139	चतुर्दंष्ट्रः	caturdaṃṣṭraḥ Fourfold in Attack - Covers all 4 directions	15
766	चतुर्बाहुः	caturbāhuḥ	82
770	चतुर्भावः	caturbhāvaḥ	82
140	चतुर्भुजः	caturbhujaḥ Four Armed	15
765	चतुर्मूर्तिः	caturmūrtiḥ	82
771	चतुर्वेदवित्	caturvedavit	82
138	चतुर्व्यूहः	caturvyūhaḥ Fourfold in Strategy	15
767	चतुर्व्यूहः	caturvyūhaḥ	82
740	चन्दनाङ्गदी	candanāṅgadī	79
281	चन्द्रांशुः	candrāṃśuḥ	30
746	चलः	calaḥ	79
825	चाणूरान्ध्रनिषूदनः	cāṇūrāndhraniṣūdanaḥ	88

623	छिन्नसंशयः	chinnasaṃśayaḥ		66
288	जगतः सेतुः	jagataḥ setuḥ		31
145	जगदादिजः	jagadādijaḥ	First Born in the Universe	16
947	जनजन्मादिः	janajanmādiḥ		101
946	जननः	jananaḥ		101
126	जनार्दनः	janārdanaḥ	Whom folks worship	14
341	जनेश्वरः	janeśvaraḥ		37
966	जन्ममृत्युजरातिगः	janmamṛtyujarātigaḥ		103
509	जयः	jayaḥ		54
798	जयन्तः	jayantaḥ		85
244	जह्नुः	jahnuḥ		26
462	जितक्रोधः	jitakrodhaḥ		49
934	जितमन्युः	jitamanyuḥ		100
524	जितामित्रः	jitāmitraḥ		56
513	जीवः	jīvaḥ		55
930	जीवनः	jīvanaḥ		99
148	जेता	jetā	The Victorious	16
497	ज्ञानगम्यः	jñānagamyaḥ		53
454	ज्ञानमुत्तमम्	jñānamuttamam		48
67	ज्येष्ठः	jyeṣṭhaḥ	The Eldest	8
877	ज्योतिः	jyotiḥ		94
564	ज्योतिरादित्यः	jyotirādityaḥ		60

619	ज्योतिर्गणेश्वरः	jyotirgaṇeśvaraḥ	66
731	तत्	tat	78
963	तत्त्वं	tattvam	103
964	तत्त्वित्	tattvavit	103
785	तन्तुवर्धनः	tantuvardhanaḥ	84
338	तारः	tāraḥ	37
968	तारः	tāraḥ	104
337	तारणः	tāraṇaḥ	37
691	तीर्थकरः	tīrthakaraḥ	74
391	तुष्टः	tuṣṭaḥ	42
757	तेजोवृषः	tejovṛṣaḥ	81
61	त्रिककुब्ध्याम	Trikakubdhāma Foundation of the Three Worlds	7
535	त्रिदशाध्यक्षः	tridaśādhyakṣaḥ	57
534	त्रिपदः	tripadaḥ	57
751	त्रिलोकधृक्	trilokadhṛk	80
646	त्रिलोकात्मा	trilokātmā	69
647	त्रिलोकेशः	trilokeśaḥ	69
530	त्रिविक्रमः	trivikramaḥ	56
574	त्रिसामा	trisāmā	62
52	त्वष्टा	tvaṣṭā Resolver of all Beings	6
423	दक्षः	dakṣaḥ	45
917	दक्षः	dakṣaḥ	98
918	दक्षिणः	dakṣiṇaḥ	98

859	दण्डः	daṇḍaḥ		92
861	दमः	damaḥ		92
190	दमनः	damanaḥ	Subduer of Foolish Intent	21
860	दमयिता	damayitā		92
713	दर्पदः	darpadaḥ		76
712	दर्पहा	darpahā		76
367	दामोदरः	dāmodaraḥ		40
569	दारुणः	dāruṇaḥ		61
511	दाशार्हः	dāśārhaḥ		54
571	दिवःस्पृक्	divaḥspṛk		61
940	दिशः	diśaḥ		100
719	दीप्तमूर्तिः	dīptamūrtiḥ		77
926	दुःस्वप्ननाशनः	duḥsvapnanāśanaḥ		99
776	दुरतिक्रमः	duratikramaḥ		83
81	दुराधर्षः	durādharṣaḥ	Unassailable by misfortune	9
781	दुरारिहा	durārihā		83
780	दुरावासः	durāvāsaḥ		83
779	दुर्गः	durgaḥ		83
778	दुर्गमः	durgamaḥ		83
775	दुर्जयः	durjayaḥ		83
266	दुर्धरः	durdharaḥ		29
715	दुर्धरः	durdharaḥ		76

205	दुर्मर्षणः	durmarṣaṇaḥ Too Hot to Handle for the Stupid	22
777	दुर्लभः	durlabhaḥ	83
924	दुष्कृतिहा	duṣkṛtihā	99
551	दृढः	dṛḍhaḥ	59
714	दृप्तः	dṛptaḥ	76
375	देवः	devaḥ	41
989	देवकीनन्दनः	devakīnandanaḥ	106
493	देवभृद्गुरुः	devabhṛdguruḥ	52
492	देवेशः	deveśaḥ	52
758	द्युतिधरः	dyutidharaḥ	81
570	द्रविणप्रदः	draviṇapradaḥ	61
660	धनञ्जयः	dhanañjayaḥ	70
857	धनुर्धरः	dhanurdharaḥ	92
858	धनुर्वेदः	dhanurvedaḥ	92
474	धनेश्वरः	dhaneśvaraḥ	50
754	धन्यः	dhanyaḥ	80
76	धन्वी	Dhanvī Foremost among Bowmen	9
235	धरणीधरः	dharaṇīdharaḥ	25
756	धराधरः	dharādharaḥ	80
403	धर्मः	dharmaḥ	43
476	धर्मकृत्	dharmakṛt	51
475	धर्मगुप्	dharmagup	51

438	धर्मयूपः	dharmayūpaḥ		47
404	धर्मविदुत्तमः	dharmaviduttamaḥ		43
135	धर्माध्यक्षः	dharmādhyakṣaḥ Champion of Justice		15
477	धर्मी	dharmī		51
43	धाता	dhātā	Supporter of all	5
45	धातुरुत्तमः	dhāturuttamaḥ Best Element		5
211	धाम	dhāma	Divine Abode	23
329	धुर्यः	dhuryaḥ		36
160	धृतात्मा	dhṛtātmā	Brave Souled	17
388	ध्रुवः	dhruvaḥ		42
440	नक्षत्रनेमिः	nakṣatranemiḥ		47
441	नक्षत्री	nakṣatrī		47
528	नन्दः / अनन्दः	nandaḥ / anandaḥ		56
994	नन्दकी	nandakī		107
527	नन्दनः	nandanaḥ		56
618	नन्दिः	nandiḥ		66
399	नयः	nayaḥ		43
246	नरः	naraḥ		26
312	नहुषः	nahuṣaḥ		34
21	नारसिंहवपुः	nārasiṃhavapuḥ Man with Leonine Head		3
245	नारायणः	nārāyaṇaḥ		26
761	निग्रहः	nigrahaḥ		81

214	निमिषः	nimiṣaḥ Blissfully Resting with closed eyes		23
864	नियन्ता	niyantā		92
161	नियमः	niyamaḥ	Upholds Social Responsibilities	17
840	निर्गुणः	nirguṇaḥ		90
577	निर्वाणं	nirvāṇaṁ		62
229	निवृत्तात्मा	nivṛttātmā		25
597	निवृत्तात्मा	nivṛttātmā		64
583	निष्ठा	niṣṭhā		62
222	नेता	netā	President	24
398	नेयः	neyaḥ		43
726	नैकः	naikaḥ		78
469	नैककर्मकृत्	naikakarmakṛt		50
890	नैकजः	naikajaḥ		95
302	नैकमायः	naikamāyaḥ		33
271	नैकरूपः	naikarūpaḥ		29
763	नैकश्रृङ्गः	naikaśṛṅgaḥ		81
468	नैकात्मा	naikātmā		50
822	न्यग्रोधः	nyagrodhaḥ		88
221	न्यायः	nyāyaḥ	Logic	24
958	पणः	paṇaḥ		102
732	पदमनुत्तमम्	padamanuttamam		78
348	पद्मगर्भः	padmagarbhaḥ		38

48   पद्मनाभः padmanābhaḥ Lotus Navelled - Blossomed Nervous System   6

196   पद्मनाभः padmanābhaḥ Lotus Navelled -Extremely Generous   21

346   पद्मनाभः   padmanābhaḥ   38

345   पद्मनिभेक्षणः   padmanibhekṣaṇaḥ   37

344   पद्मी   padmī   37

390   परमस्पष्टः   paramaspaṣṭaḥ   42

11   परमात्मा   paramātmā Best amongst Beings   2

377   परमेश्वरः   parameśvaraḥ   41

412   परमेष्ठी   parameṣṭhī   45

389   परर्द्धिः   pararddhiḥ   42

585   परायणम्   parāyaṇam   62

413   परिग्रहः   parigrahaḥ   45

810   पर्जन्यः   parjanyaḥ   87

931   पर्यवस्थितः   paryavasthitaḥ   99

291   पवनः   pavanaḥ   32

62   पवित्रं   pavitram   Purifier   7

992   पापनाशनः   pāpanāśanaḥ   106

292   पावनः   pāvanaḥ   32

811   पावनः   pāvanaḥ   87

111   पुण्डरीकाक्षः   puṇḍarīkākṣaḥ Lotus Hearted - Soft Hearted   12

687   पुण्यः   puṇyaḥ   73

925	पुण्यः	puṇyaḥ	99
688	पुण्यकीर्तिः	puṇyakīrtiḥ	73
922	पुण्यश्रवणकीर्तनः	puṇyaśravaṇakīrtanaḥ	98
150	पुनर्वसुः	punarvasuḥ Time and Again dwells in the heart	16
335	पुरन्दरः	purandaraḥ	36
498	पुरातनः	purātanaḥ	53
506	पुरुजित्	purujit	54
14	पुरुषः	puruṣaḥ Resident of a City	2
406	पुरुषः	puruṣaḥ First Citizen	44
24	पुरुषोत्तमः	puruṣottamaḥ Noblest Person	3
507	पुरुसत्तमः	purusattamaḥ	54
40	पुष्कराक्षः	puṣkarākṣaḥ Lotus Eyed - Large Liquid Eyed	5
556	पुष्कराक्षः	puṣkarākṣaḥ	59
392	पुष्टः	puṣṭaḥ	42
952	पुष्महासः	puṣpahāsaḥ	102
10	पूतात्मा	pūtātmā Purity in Beings	2
686	पूरयिता	pūrayitā	73
685	पूर्णः	pūrṇaḥ	73
410	पृथुः	pṛthuḥ	44
916	पेशलः	peśalaḥ	98
274	प्रकाशनः	prakāśanaḥ	29
276	प्रकाशात्मा	prakāśātmā	30

760	प्रग्रहः	pragrahaḥ		81
953	प्रजागरः	prajāgaraḥ		102
69	प्रजापतिः	prajāpatiḥ	Head of every family	8
197	प्रजापतिः	prajāpatiḥ	Head of every community	21
88	प्रजाभवः	prajābhavaḥ	Family Bond	10
409	प्रणवः	praṇavaḥ		44
957	प्रणवः	praṇavaḥ		102
59	प्रतर्दनः	pratardanaḥ	Pacifier of the Universe	7
277	प्रतापनः	pratāpanaḥ		30
326	प्रतिष्ठितः	pratiṣṭhitaḥ		35
92	प्रत्ययः	pratyayaḥ	What is	10
319	प्रथितः	prathitaḥ		35
640	प्रद्युम्नः	pradyumnaḥ		68
20	प्रधानपुरुषेश्वरः	pradhānapuruṣeśvaraḥ Lord of Matter & Energy		3
970	प्रपितामहः	prapitāmahaḥ		104
34	प्रभवः	prabhavaḥ Of Divine Origin		4
35	प्रभुः	prabhuḥ	Most Powerful	4
299	प्रभुः	prabhuḥ		32
60	प्रभूतः	prabhūtaḥ	Well-endowed	7
428	प्रमाणं	pramāṇam		46
959	प्रमाणं	pramāṇam		103

525	प्रमोदनः	pramodanaḥ		56
237	प्रसन्नात्मा	prasannātmā		26
153	प्रांशुः	prāṃśuḥ The Big - Majestic		17
845	प्राग्वंशः	prāgvaṃśaḥ		90
66	प्राणः	prāṇaḥ	The Life Force	8
320	प्राणः	prāṇaḥ		35
407	प्राणः	prāṇaḥ		44
962	प्राणजीवनः	prāṇajīvanaḥ		103
65	प्राणदः	prāṇadaḥ Life Force Mover		8
321	प्राणदः	prāṇadaḥ		35
408	प्राणदः	prāṇadaḥ		44
956	प्राणदः	prāṇadaḥ		102
960	प्राणनिलयः	prāṇanilayaḥ		103
961	प्राणभृत्	prāṇabhṛt		103
874	प्रियकृत्	priyakṛt		93
872	प्रियार्हः	priyārhaḥ		93
875	प्रीतिवर्धनः	prītivardhanaḥ		93
116	बभ्रुः	babhruḥ	Supports Earth	13
115	बहुशिरा:	bahuśirāḥ Integrates Thousand Minds		13
429	बीजमव्ययम्	bījamavyayam		46
836	बृहत्	bṛhat		90
333	बृहद्भानुः	bṛhadbhānuḥ		36
272	बृहद्रूपः	bṛhadrūpaḥ		29

664	ब्रह्म	brahma		71
662	ब्रह्मकृत्	brahmakṛt		71
669	ब्रह्मज्ञः	brahmajñaḥ		71
667	ब्रह्मणः	brahmaṇaḥ		71
661	ब्रह्मण्यः	brahmaṇyaḥ		71
666	ब्रह्मवित्	brahmavit		71
665	ब्रह्मविवर्धनः	brahmavivardhanaḥ		71
663	ब्रह्मा	brahmā		71
668	ब्रह्मी	brahmī		71
670	ब्राह्मणप्रियः	brāhmaṇapriyaḥ		71
736	भक्तवत्सलः	bhaktavatsalaḥ		78
558	भगवान्	bhagavān		60
559	भगहा	bhagahā		60
833	भयकृत्	bhayakṛt		89
834	भयनाशनः	bhayanāśanaḥ		89
935	भयापहः	bhayāpahaḥ		100
33	भर्ता	bhartā	Sustainer	4
284	भानुः	bhānuḥ		31
847	भारभृत्	bhārabhṛt		91
7	भावः	bhāvaḥ	Essence in Creation	1
32	भावनः	bhāvanaḥ	Result giver to all	4
282	भास्करद्युतिः	bhāskaradyutiḥ		30
579	भिषक्	bhiṣak		62

357	भीमः	bhīmaḥ		39
949	भीमपराक्रमः	bhīmaparākramaḥ		101
193	भुजगोत्तमः	bhujagottamaḥ		21
71	भूगर्भः	bhūgarbhaḥ	Foremost amongst Armed Earth's Creator	8
5	भूतकृत्	bhūtakṛt	Creator of Beings	1
4	भूतभव्यभवत्प्रभुः	bhūtabhavyabhavatprabhuḥ Lord of PastPresentFuture		1
290	भूतभव्यभवन्नाथः	bhūtabhavyabhavannāthaḥ		32
9	भूतभावनः	bhūtabhāvanaḥ Essence in every being		1
6	भूतभृत्	bhūtabhṛt	Maintainer of Beings	1
489	भूतमहेश्वरः	bhūtamaheśvaraḥ		52
8	भूतात्मा	bhūtātmā	Soul in every Being	1
29	भूतादिः निधिः	bhūtādiḥ nidhiḥ Peace within Beings		4
708	भूतावासः	bhūtāvāsaḥ		76
630	भूतिः	bhūtiḥ		67
502	भूरिदक्षिणः	bhūridakṣiṇaḥ		53
942	भूर्भुवः	bhūrbhuvaḥ		101
967	भूर्भुवःस्वस्तरुः	bhūrbhuvaḥsvastaruḥ		104
628	भूशायः	bhūśayaḥ		67
629	भूषणः	bhūṣaṇaḥ		67
578	भेषजं	bheṣajam		62

143	भोक्ता	bhoktā	Enjoyer of Food	16
500	भोक्ता	bhoktā		53
888	भोक्ता	bhoktā		95
142	भोजनं	bhojanam	Food for Senses	16
141	भ्राजिष्णुः	bhrājiṣṇuḥ	Illumining all sides	16
63	मङ्गलं परम्	maṅgalam param Most Benevolent		7
168	मधुः	madhuḥ	Honey	18
73	मधुसूदनः	madhusūdanaḥ Pacifier of Craving		8
51	मनुः	manuḥ	The Thinker	6
690	मनोजवः	manojavaḥ		74
461	मनोहरः	manoharaḥ		49
280	मन्त्रः	mantraḥ		30
189	मरीचिः	marīciḥ	Effulgent	21
350	महर्द्धिः	maharddhiḥ		38
531	महर्षिः कपिलाचार्यः	maharṣiḥ kapilācāryaḥ		57
672	महाकर्मा	mahākarmā		72
787	महाकर्मा	mahākarmā		84
432	महाकोशः	mahākośaḥ		46
675	महाक्रतुः	mahākratuḥ		72
671	महाक्रमः	mahākramaḥ		72
353	महाक्षः	mahākṣaḥ		38

804	महागर्तः	mahāgartaḥ		86
122	महातपाः	mahātapāḥ	Great Austerity	13
673	महातेजाः	mahātejāḥ		72
491	महादेवः	mahādevaḥ		52
176	महाद्युतिः	mahādyutiḥ	Brilliantly Splendorous	19
180	महाद्रिधृक्	mahādridhṛk Foundation of Mountains		19
434	महाधनः	mahādhanaḥ		46
806	महानिधिः	mahānidhiḥ		86
841	महान्	mahān		90
172	महाबलः	mahābalaḥ	Superhumanly Strong	18
173	महाबुद्धिः	mahābuddhiḥ Brilliantly Intelligent		19
370	महाभागः	mahābhāgaḥ		40
805	महाभूतः	mahābhūtaḥ		86
433	महाभोगः	mahābhogaḥ		46
439	महामखः	mahāmakhaḥ		47
557	महामनाः	mahāmanāḥ		59
170	महामायः	mahāmāyaḥ	Great Magician	18
718	महामूर्तिः	mahāmūrtiḥ		77
677	महायज्ञः	mahāyajñaḥ		72
676	महायज्वा	mahāyajvā		72
522	महाहः	mahārhaḥ		56
538	महावराहः	mahāvarāhaḥ		58

174	महावीर्यः	mahāvīryaḥ	Utterly Brave	19
175	महाशक्तिः	mahāśaktiḥ	Supremely Powerful	19
303	महाशनः	mahāśanaḥ		33
536	महाश्रृङ्गः	mahāśṛṅgaḥ		57
41	महास्वनः	mahāsvanaḥ	Thunder	5
678	महाहविः	mahāhaviḥ		72
803	महाहृदः	mahāhradaḥ		86
317	महीधरः	mahīdharaḥ		34
369	महीधरः	mahīdharaḥ		40
182	महीभर्ता	mahībhartā	Earthly Support	20
447	महेज्यः	mahejyaḥ		48
268	महेन्द्रः	mahendraḥ		29
181	महेष्वासः	maheṣvāsaḥ	Mighty Bow wielder	20
171	महोत्साहः	mahotsāhaḥ	Supremely Confident	18
519	महोदधिशयः	mahodadhiśayaḥ		55
674	महोरगः	mahoragaḥ		72
72	माधवः	mādhavaḥ	Attainable through Meditation	8
167	माधवः	mādhavaḥ	Meditator	18
735	माधवः	mādhavaḥ		78
748	मानदः	mānadaḥ		80
749	मान्यः	mānyaḥ		80
365	मार्गः	mārgaḥ		40

397	मार्गः	mārgaḥ		43
515	मुकुन्दः	mukundaḥ		55
12	मुक्तानां परमा गतिः	muktānāṃ paramā gatiḥ	Foremost priority of Sincere Seekers	2
533	मेदिनीपतिः	medinīpatiḥ		57
753	मेधजः	medhajaḥ		80
77	मेधावी	Medhāvī	Having Powerful Memory	9
445	यज्ञः	yajñaḥ		48
971	यज्ञः	yajñaḥ		104
977	यज्ञकृत्	yajñakṛt		105
982	यज्ञगुह्यम्	yajñaguhyam		105
972	यज्ञपतिः	yajñapatiḥ		104
979	यज्ञभुक्	yajñabhuk		105
976	यज्ञभृत्	yajñabhṛt		105
975	यज्ञवाहनः	yajñavāhanaḥ		104
980	यज्ञसाधनः	yajñasādhanaḥ		105
974	यज्ञाङ्गः	yajñāṅgaḥ		104
981	यज्ञान्तकृत्	yajñāntakṛt		105
978	यज्ञी	yajñī		105
973	यज्वा	yajvā		104
730	यत्	yat		78
705	यदुश्रेष्ठः	yaduśreṣṭhaḥ		75
162	यमः	yamaḥ	Practices Personal Discipline	17

300	युगादिकृत्	yugādikṛt		33
301	युगावर्तः	yugāvartaḥ		33
18	योगः	yogaḥ	Union	3
19	योगविदां नेता	yogavidāṃ netā Leader of Yogis		3
849	योगी	yogī		91
850	योगीशः	yogīśaḥ		91
928	रक्षणः	rakṣaṇaḥ		99
684	रणप्रियः	raṇapriyaḥ		73
473	रत्नगर्भः	ratnagarbhaḥ		50
793	रत्ननाभः	ratnanābhaḥ		85
998	रथाङ्गपाणिः	rathāṅgapāṇiḥ		107
881	रविः	raviḥ		94
885	रविलोचनः	ravilocanaḥ		94
394	रामः	rāmaḥ		43
945	रुचिराङ्गदः	rucirāṅgadaḥ		101
114	रुद्रः	rudraḥ Melts away Misery		13
364	रोहितः	rohitaḥ		40
948	र्भीमः	rbhīmaḥ		101
943	लक्ष्मीः	lakṣmīḥ		101
361	लक्ष्मीवान्	lakṣmīvān		39
614	लोकत्रयाश्रयः	lokatrayāśrayaḥ		65
734	लोकनाथः	lokanāthaḥ		78

733	लोकबन्धुः	lokabandhuḥ		78
783	लोकसारङ्गः	lokasāraṅgaḥ		84
750	लोकस्वामी	lokasvāmī		80
894	लोकाधिष्ठानम्	lokādhiṣṭhānam		95
133	लोकाध्यक्षः	lokādhyakṣaḥ Champion of the Galaxies		15
58	लोहिताक्षः	lohitākṣaḥ Fiery Eyed - We cannot look into		7
846	वंशवर्धनः	vaṃśavardhanaḥ		90
470	वत्सरः	vatsaraḥ		50
471	वत्सलः	vatsalaḥ		50
472	वत्सी	vatsī		50
561	वनमाली	vanamālī		60
330	वरदः	varadaḥ		36
739	वराङ्गः	varāṅgaḥ		79
121	वरारोहः	varārohaḥ	Great boon	13
553	वरुणः	varuṇaḥ		59
261	वर्धनः	vardhanaḥ		28
262	वर्धमानः	vardhamānaḥ		28
3	वषट्कारः	vaṣaṭkāraḥ	Offerer	1
104	वसुः	vasuḥ	Indweller	12
270	वसुः	vasuḥ		29
696	वसुः	vasuḥ		74
269	वसुदः	vasudaḥ		29

693	वसुप्रदः	vasupradaḥ		74
694	वसुप्रदः	vasupradaḥ		74
105	वसुमनाः	vasumanāḥ	Broad Minded	12
697	वसुमनाः	vasumanāḥ		74
692	वसुरेताः	vasuretāḥ		74
233	वह्निः	vahniḥ		25
267	वाग्मी	vāgmī		29
573	वाचस्पतिरयोनिजः	vācaspatirayonijaḥ		61
217	वाचस्पतिरुदारधीः	vācaspatirudāradhīḥ Holding Doctorate Degrees - Displaying Superior Intelligence		23
796	वाजसनः	vājasanaḥ		85
152	वामनः	vāmanaḥ	The Humbler - Meekness	17
414	वायुः	vāyuḥ		44
331	वायुवाहनः	vāyuvāhanaḥ		36
856	वायुवाहनः	vāyuvāhanaḥ		91
554	वारुणः	vāruṇaḥ		59
322	वासवानुजः	vāsavānujaḥ		35
332	वासुदेवः	vāsudevaḥ		36
695	वासुदेवः	vāsudevaḥ		74
709	वासुदेवः	vāsudevaḥ		76
381	विकर्ता	vikartā		41
78	विक्रमः	vikramaḥ Having big strides		9

75	विक्रमी	vikramī	Valiant	9
909	विक्रमी	vikramī		97
363	विक्षरः	vikṣaraḥ		40
147	विजयः	vijayaḥ	The Victory	16
620	विजितात्मा	vijitātmā		66
464	विदारणः	vidāraṇaḥ		49
938	विदिशः	vidiśaḥ		100
920	विद्वत्तमः	vidvattamaḥ		98
44	विधाता	Vidhātā Dispenser of Results		5
484	विधाता	vidhātā		51
508	विनयः	vinayaḥ		54
514	विनयितासाक्षी	vinayitāsākṣī		55
240	विभुः	vibhuḥ		26
880	विभुः	vibhuḥ		94
452	विमुक्तात्मा	vimuktātmā		48
396	विरतः	virataḥ		43
395	विरामः	virāmaḥ		43
882	विरोचनः	virocanaḥ		94
263	विविक्तः	viviktaḥ		28
249	विशिष्टः	viśiṣṭaḥ		27
636	विशुद्धात्मा	viśuddhātmā		68
631	विशोकः	viśokaḥ		67
637	विशोधनः	viśodhanaḥ		68

424	विश्रामः	viśrāmaḥ		45
207	विश्रुतात्मा	Viśrutātmā Specifically Declared in Scriptures		22
1	विश्वं	viśvam	Universe	1
50	विश्वकर्मा	viśvakarmā	Architect of the Universe	6
425	विश्वदक्षिणः	viśvadakṣiṇaḥ		45
238	विश्वधृक्	viśvadhṛk		26
316	विश्वबाहुः	viśvabāhuḥ		34
239	विश्वभुक्	viśvabhuk		26
717	विश्वमूर्तिः	viśvamūrtiḥ		77
117	विश्वयोनिः	viśvayoniḥ	Cause of the Universe	13
149	विश्वयोनिः	viśvayoniḥ Nurtures the Universe in his womb		16
87	विश्वरेताः	viśvaretāḥ	Seeds the Universe	10
225	विश्वात्मा	viśvātmā	Soul of the Universe	24
742	विषमः	viṣamaḥ		79
2	विष्णुः	viṣṇuḥ	All pervading	1
258	विष्णुः	viṣṇuḥ		28
657	विष्णुः	viṣṇuḥ		70
125	विष्वक्सेनः	viṣvaksenaḥ	All round troubleshooter	14
426	विस्तारः	vistāraḥ		46
876	विहायसगतिः	vihāyasagatiḥ		94
921	वीतभयः	vītabhayaḥ		98

401	वीरः	vīraḥ	43
643	वीरः	vīraḥ	69
658	वीरः	vīraḥ	70
463	वीरबाहुः	vīrabāhuḥ	49
166	वीरहा	Vīrahā Annihilator of Terror	18
741	वीरहा	vīrahā	79
927	वीरहा	vīrahā	99
555	वृक्षः	vṛkṣaḥ	59
352	वृद्धात्मा	vṛddhātmā	38
313	वृषः	vṛṣaḥ	34
112	वृषकर्मा	vṛṣakarmā	Righteous in Action	12
259	वृषपर्वा	vṛṣaparvā	28
595	वृषप्रियः	vṛṣapriyaḥ	63
257	वृषभः	vṛṣabhaḥ	28
594	वृषभाक्षः	vṛṣabhākṣaḥ	63
101	वृषाकपिः	vṛṣākapiḥ	Divine Drill	11
113	वृषाकृतिः	vṛṣākṛtiḥ	Incarnated for Justice	12
256	वृषाही	vṛṣāhī	28
260	वृषोदरः	vṛṣodaraḥ	28
371	वेगवान्	vegavān	40
127	वेदः	vedaḥ Summum Bonum of Knowledge	14
128	वेदवित्	Vedavit Knower of the Word	14

131	वेदवित्	Vedavit Makes the Word Known	14
130	वेदाङ्गः	vedāṅgaḥ Infused with Wisdom	14
163	वेद्यः	vedyaḥ Attainable through Purity	18
547	वेधाः	vedhāḥ	59
405	वैकुण्ठः	vaikuṇṭhaḥ	44
987	वैखानः	vaikhānaḥ	106
164	वैद्यः	vaidyaḥ Doctor	18
305	व्यक्तरूपः	vyaktarūpaḥ	33
762	व्यग्रः	vyagraḥ	81
384	व्यवसायः	vyavasāyaḥ	42
385	व्यवस्थानः	vyavasthānaḥ	42
939	व्यादिशः	vyādiśaḥ	100
467	व्यापी	vyāpī	50
413	व्याप्तः	vyāptaḥ	44
91	व्यालः	vyālaḥ Serpentine Swiftness	10
402	शक्तिमतां श्रेष्ठः	śaktimatāṃ śreṣṭhaḥ	43
993	शङ्खभृत्	śaṅkhabhṛt	107
723	शतमूर्तिः	śatamūrtiḥ	77
724	शताननः	śatānanaḥ	77
617	शतानन्दः	śatānandaḥ	66
343	शतावर्तः	śatāvartaḥ	37
412	शत्रुघ्नः	śatrughnaḥ	44
820	शत्रुजित्	śatrujit	88

821	शत्रुतापनः	śatrutāpanaḥ		88
912	शब्दसहः	śabdasahaḥ		97
911	शब्दातिगः	śabdātigaḥ		97
581	शमः	śamaḥ		62
38	शम्भुः	śambhuḥ Bestower of Auspiciousness		5
85	शरणं	śaraṇaṃ	Refuge	10
356	शरभः	śarabhaḥ		39
499	शरीरभूतभृत्	śarīrabhūtabhṛt		53
349	शरीरभृत्	śarīrabhṛt		38
86	शर्म	śarma	Blissful	10
26	शर्वः	śarvaḥ Dissolver of Creation		4
914	शर्वरीकरः	śarvarīkaraḥ		97
285	शशबिन्दुः	śaśabinduḥ		31
582	शान्तः	śāntaḥ		62
584	शान्तिः	śāntiḥ		62
587	शान्तिदः	śāntidaḥ		63
996	शार्ङ्गधन्वा	śārṅgadhanvā		107
56	शाश्वतः	śāśvataḥ	Eternal	7
120	शाश्वतस्थाणुः śāśvatasthāṇuḥ Firmly Stationed			13
627	शाश्वतस्थिरः	śāśvatasthiraḥ		67
206	शास्ता	śāstā	Law Giver	22
311	शिखण्डी	śikhaṇḍī		34

273	शिपिविष्टः	śipiviṣṭaḥ		29
27	शिवः	śivaḥ	Auspicious One	4
600	शिवः	śivaḥ		64
913	शिशिरः	śiśiraḥ		97
250	शिष्टकृत्	śiṣṭakṛt		27
310	शिष्टेष्टः	śiṣṭeṣṭaḥ		34
155	शुचिः	śuciḥ	Pure	17
251	शुचिः	śuciḥ		27
118	शुचिश्रवाः	śuciśravāḥ	Pure Sounding	13
586	शुभाङ्गः	śubhāṅgaḥ		63
782	शुभाङ्गः	śubhāṅgaḥ		84
393	शुभेक्षणः	śubhekṣaṇaḥ		42
743	शून्यः	śūnyaḥ		79
339	शूरः	śūraḥ		37
645	शूरजनेश्वरः	śūrajaneśvaraḥ		69
704	शूरसेनः	śūrasenaḥ		75
797	श्रृङ्गी	śṛṅgī		85
632	शोकनाशनः	śokanāśanaḥ		67
340	शौरिः	śauriḥ		37
644	शौरिः	śauriḥ		69
853	श्रमणः	śramaṇaḥ		91
611	श्रीकरः	śrīkaraḥ		65
376	श्रीगर्भः	śrīgarbhaḥ		41

605 श्रीदः śrīdaḥ 65

610 श्रीधरः śrīdharaḥ 65

608 श्रीनिधिः śrīnidhiḥ 65

183 श्रीनिवासः śrīnivāsaḥ Home of Good Fortune 20

607 श्रीनिवासः śrīnivāsaḥ 65

603 श्रीपतिः śrīpatiḥ 64

604 श्रीमतां वरः śrīmatāṃ varaḥ 64

22 श्रीमान् Śrīmān Resourceful at Heart 3

220 श्रीमान् śrīmān The Wealthiest 24

613 श्रीमान् śrīmān 65

178 श्रीमान् Śrīmān Simply Resourceful 19

601 श्रीवत्सवक्षाः śrīvatsavakṣāḥ 64

602 श्रीवासः śrīvāsaḥ 64

609 श्रीविभावनः śrīvibhāvanaḥ 65

606 श्रीशः śrīśaḥ 65

264 श्रुतिसागरः śrutisāgaraḥ 28

612 श्रेयः śreyaḥ 65

68 श्रेष्ठः śreṣṭhaḥ The one par excellence 8

90 संवत्सरः saṃvatsaraḥ Benign Year 10

422 संवत्सरः saṃvatsaraḥ 45

230 संवृतः saṃvṛtaḥ 25

386 संस्थानः saṃsthānaḥ 42

552 सङ्कर्षणोऽच्युतः saṅkarṣaṇo'cyutaḥ 59

598	सङ्क्षेप्ता	saṅkṣeptā		64
158	सङ्ग्रहः	saṅgrahaḥ	Dissolution	17
184	सतां गतिः	satāṃ gatiḥ	Path of the Good	20
450	सताङ्गतिः	satāṅgatiḥ		48
478	सत्	sat		51
241	सत्कर्ता	satkartā		26
622	सत्कीर्तिः	satkīrtiḥ		66
242	सत्कृतः	satkṛtaḥ		26
700	सत्कृतिः	satkṛtiḥ		75
701	सत्ता	sattā		75
867	सत्त्ववान्	sattvavān		93
487	सत्त्वस्थः	sattvasthaḥ		52
955	सत्पथाचारः	satpathācāraḥ		102
703	सत्परायणः	satparāyaṇaḥ		75
106	सत्यः	satyaḥ	Truth	12
212	सत्यः	satyaḥ	Eternally True	23
869	सत्यः	satyaḥ		93
213	सत्यधर्मपराक्रमः	satyadharmaparākramaḥ Valiant in Upholding Truth		23
289	सत्यधर्मपरायणः	satyadharmaparāyaṇaḥ		31
870	सत्यधर्मपरायणः	satyadharmaparāyaṇaḥ		93
529	सत्यधर्मा	satyadharmā		56
755	सत्यमेधाः	satyamedhāḥ		80

510	सत्यसन्धः	satyasandhaḥ		54
449	सत्रं	satram		48
893	सदामर्षी	sadāmarṣī		95
165	सदायोगी	sadāyogī	Eternal Yogi	18
699	सद्गतिः	sadgatiḥ		75
702	सद्भूतिः	sadbhūtiḥ		75
897	सनातनतमः	sanātanatamaḥ		96
896	सनात्	sanāt		96
929	सन्तः	santaḥ		99
201	सन्धाता	Sandhātā Wise Administrator		22
202	सन्धिमान्	Sandhimān Happy Employee		22
706	सन्निवासः	sannivāsaḥ		75
580	सन्न्यासकृत्	sannyāsakṛt		62
827	सप्तजिह्वः	saptajihvaḥ		89
829	सप्तवाहनः	saptavāhanaḥ		89
828	सप्तैधाः	saptaidhāḥ		89
109	समः	samaḥ	Equal	12
358	समयज्ञः	samayajñaḥ		39
107	समात्मा	samātmā	Equanimous	12
773	समावर्तः	samāvartaḥ		83
362	समितिञ्जयः	samitiñjayaḥ		39
223	समीरणः	samīraṇaḥ Directs Efforts by Breath Regulation		24
444	समीहनः	samīhanaḥ		47

231	सम्प्रमर्दनः	sampramardanaḥ	25
31	सम्भवः	sambhavaḥ Proper Manifestation	4
108	सम्मितः/असम्मितः	sammitaḥ/asammitaḥ Measurable/Immeasurable	12
159	सर्गः	sargaḥ Evolution	17
25	सर्वः	sarvaḥ All Inclusive	4
851	सर्वकामदः	sarvakāmadaḥ	91
123	सर्वगः	sarvagaḥ Pervades everywhere	14
453	सर्वज्ञः	sarvajñaḥ	48
815	सर्वज्ञः	sarvajñaḥ	87
625	सर्वतश्चक्षुः	sarvataścakṣuḥ	67
816	सर्वतोमुखः	sarvatomukhaḥ	87
93	सर्वदर्शनः	sarvadarśanaḥ Omniscient	10
451	सर्वदर्शी	sarvadarśī	48
199	सर्वदृक्	sarvadṛk All round Sight	22
572	सर्वदृग्व्यासः	sarvadṛgvyāsaḥ	61
1000	सर्वप्रहरणायुधः	sarvapraharaṇāyudhaḥ	107
103	सर्वयोगविनिःसृतः	sarvayogaviniḥsṛtaḥ Unattached	11
360	सर्वलक्षणलक्षण्यः	sarvalakṣaṇalakṣaṇyaḥ	39
802	सर्ववागीश्वरेश्वरः	sarvavāgīśvareśvaraḥ	86
799	सर्वविजयी	sarvavijjayī	85
124	सर्वविद्भानुः	sarvavidbhānuḥ Illumines Everyone's Intellect	14

759	सर्वशास्त्रभृतां वरः sarvaśastrabhṛtāṃ varaḥ		81
863	सर्वसहः	sarvasahaḥ		92
99	सर्वादिः	sarvādiḥ	Origin of All	11
710	सर्वासुनिलयः	sarvāsunilayaḥ		76
96	सर्वेश्वरः	sarveśvaraḥ	Lord of Lords	11
727	सवः	savaḥ		78
884	सविता	savitā		94
969	सविता	savitā		104
368	सहः	sahaḥ		40
306	सहस्रजित्	sahasrajit		33
227	सहस्रपात्	Sahasrapāt Can take 1000 actions simultaneously		24
224	सहस्रमूर्धा	Sahasramūrdhā Can think on 1000 topics simultaneously		24
483	सहस्रांशुः	sahasrāṃśuḥ		51
226	सहस्राक्षः	sahasrākṣaḥ Can visualize on 1000 topics simultaneously		24
826	सहस्रार्चिः	sahasrārciḥ		89
144	सहिष्णुः	sahiṣṇuḥ Tolerates Mistakes due to Ignorance		16
565	सहिष्णुः	sahiṣṇuḥ		60
15	साक्षी	sākṣī	Witness	2
868	सात्त्विकः	sāttvikaḥ		93
512	सात्वताम्पतिः	sātvatāmpatiḥ		54
243	साधुः	sādhuḥ		26
576	साम	sāma		62

575	सामगः	sāmagaḥ	62
988	सामगायनः	sāmagāyanaḥ	106
200	सिंहः	siṃhaḥ King amongst Beasts	22
488	सिंहः	siṃhaḥ	52
97	सिद्धः	siddhaḥ Perfected Being	11
819	सिद्धः	siddhaḥ	88
253	सिद्धसङ्कल्पः	siddhasaṅkalpaḥ	27
252	सिद्धार्थः	siddhārthaḥ	27
98	सिद्धिः	siddhiḥ Perfection in Skill	11
254	सिद्धिदः	siddhidaḥ	27
255	सिद्धिसाधनः	siddhisādhanaḥ	27
459	सुखदः	sukhadaḥ	49
889	सुखदः / असुखदः	sukhadaḥ / asukhadaḥ	95
458	सुघोषः	sughoṣaḥ	49
784	सुतन्तुः	sutantuḥ	84
195	सुतपाः	sutapāḥ Authentic in Austerity	21
417	सुदर्शनः	sudarśanaḥ	45
567	सुधन्वा	sudhanvā	61
792	सुन्दः	sundaḥ	85
791	सुन्दरः	sundaraḥ	85
192	सुपर्णः	suparṇaḥ Graceful in flight	21
855	सुपर्णः	suparṇaḥ	91
236	सुप्रसादः	suprasādaḥ	26

265	सुभुजः	subhujaḥ	29
456	सुमुखः	sumukhaḥ	49
752	सुमेधाः	sumedhāḥ	80
707	सुयामुनः	suyāmunaḥ	75
134	सुराध्यक्षः	surādhyakṣaḥ Champion of Harmony	15
186	सुरानन्दः	surānandaḥ Blissful Harmony	20
208	सुरारिहा	Surārihā Qweller of Disharmony	22
878	सुरुचिः	suruciḥ	94
85	सुरेशः	sureśaḥ Harmony in Lordship	10
286	सुरेश्वरः	sureśvaraḥ	31
817	सुलभः	sulabhaḥ	88
794	सुलोचनः	sulocanaḥ	85
800	सुवर्णबिन्दुः	suvarṇabinduḥ	86
737	सुवर्णवर्णः	suvarṇavarṇaḥ	79
944	सुवीरः	suvīraḥ	101
455	सुव्रतः	suvrataḥ	49
818	सुव्रतः	suvrataḥ	88
540	सुषेणः	suṣeṇaḥ	58
460	सुहृत्	suhṛt	49
457	सूक्ष्मः	sūkṣmaḥ	49
883	सूर्यः	sūryaḥ	94
505	सोमः	somaḥ	54

503	सोमपः	somapaḥ		54
327	स्कन्दः	skandaḥ		36
328	स्कन्दधरः	skandadharaḥ		36
680	स्तवप्रियः	stavapriyaḥ		73
679	स्तव्यः	stavyaḥ		73
682	स्तुतिः	stutiḥ		73
683	स्तोता	stotā		73
681	स्तोत्रं	stotram		73
54	स्थविरः ध्रुवः	sthaviraḥ dhruvaḥ	Ageless and Firm	6
53	स्थविष्ठः	sthaviṣṭhaḥ	Grossest	6
436	स्थविष्ठः	sthaviṣṭhaḥ		47
28	स्थाणुः	sthāṇuḥ	Constant One	4
387	स्थानदः	sthānadaḥ		42
427	स्थावरस्थाणुः	sthāvarasthāṇuḥ		46
203	स्थिरः	sthiraḥ	The Stillness	22
838	स्थूलः	sthūlaḥ		90
279	स्पष्टाक्षरः	spaṣṭākṣaraḥ		30
216	स्रग्वी	Sragvī	Adorned with Garland	23
588	स्रष्टा	sraṣṭā		63
990	स्रष्टा	sraṣṭā		106
615	स्वक्षः	svakṣaḥ		66
616	स्वङ्गः	svaṅgaḥ		66
843	स्वधृतः	svadhṛtaḥ		90

986	स्वयञ्जातः	svayañjātaḥ		106
37	स्वयम्भूः	svayambhūḥ	Self Born	5
466	स्ववशः	svavaśaḥ		50
903	स्वस्ति	svasti		96
902	स्वस्तिकृत्	svastikṛt		96
901	स्वस्तिदः	svastidaḥ		96
905	स्वस्तिदक्षिणः	svastidakṣiṇaḥ		96
904	स्वस्तिभुक्	svastibhuk		96
548	स्वाङ्गः	svāṅgaḥ		59
465	स्वापनः	svāpanaḥ		50
523	स्वाभाव्यः	svābhāvyaḥ		56
844	स्वास्यः	svāsyaḥ		90
191	हंसः	haṃsaḥ	Swan-like Pure	21
650	हरिः	hariḥ		69
562	हलायुधः	halāyudhaḥ		60
698	हविः	haviḥ		74
359	हविर्हरिः	havirhariḥ		39
70	हिरण्यगर्भः	hiraṇyagarbhaḥ	Golden Egg	8
411	हिरण्यगर्भः	hiraṇyagarbhaḥ		44
194	हिरण्यनाभः	hiraṇyanābhaḥ	Golden Manipura Chakra - Blossomed and fully functional	21
879	हुतभुक्	hutabhuk		94
887	हुतभुक्	hutabhuk		95

47	हृषीकेशः	hṛṣīkeśaḥ	Lord of Senses	6
366	हेतुः	hetuḥ		40
738	हेमाङ्गः	hemāṅgaḥ		79

Repeated Names

1. We find some names are repeated. It is more or less the usage of a **synonym** that gives a slightly different meaning and thus enhances our understanding. And gives depth to our reading. This subscribes to a fundamental law in creation which restated is:

SEE THE ONE IN ALL AND THE ALL IN ONE.

2. Then we also know that some words can be used in an entirely different sense altogether. See the natural law:

ACCEPT PEOPLE AND SITUATIONS AS THEY ARE, since the same person who hurts, in turn gives the maximum pleasure as well.

3. We also find that in few instances, a name or its **antonym** may be equally interpreted. This is again a great mystery of creation, known as the first fundamental law:

OPPOSITE VALUES ARE COMPLEMENTARY IN NATURE

Some Common Names from Sahasranama

Many names from the Sahasranama have become popular Indian names. Even today, families refer to it to choose a favorite name for their newborn.

अचलः	Achal	कुमुदः	Kumud
अजितः	Ajit	कृतिः	Kirti
अणुः	Anu	कृष्णः	Krishna
अतुलः	Atul	केशवः	Keshav
अनन्तः	Anant	गुप्तः	Gupta
अनिलः	Anil	गोविन्दः	Govind
अनीशः	Anish	जनार्दनः	Janardan
अपराजितः	Aparajita	जयः	Jay
अमृतः	Amrita	जयन्तः	Jayant
अर्चितः	Archit	ज्योतिः	Jyoti
अशोकः	Ashok	दक्षः	Daksh
आदित्यः	Aditya	दामोदरः	Damodar
आनन्दः	Anand	देवः	Dev
आनन्दी	Anandi	धर्मः	Dharma
ईशानः	Ishan	ध्रुवः	Dhruv
उपेन्द्रः	Upendra	नन्दनः	Nandan
ऋतुः	Ritu	नन्दिः	Nandi
कपिलः	Kapil	नारायणः	Narayan
कान्तः	Kanta	निर्वाणं	Nirvana

निष्ठा	Nishtha	मन्त्रः	Mantra
पद्मनाभः	Padmanabha	मरीचिः	Marichi
परमात्मा	Paramatma	महादेवः	Mahadev
परमेश्वरः	Parameshvar	महेन्द्रः	Mahendra
पवनः	Pavan	माधवः	Madhav
पुनर्वसुः	Punarvasu	मुकुन्दः	Mukund
पृथुः	Prithu	यज्ञः	Yagya
प्रजापतिः	Prajapati	यमः	Yama
प्रणवः	Pranav (OM)	योगः	Yoga
प्रद्युम्नः	Pradyuman	योगी	Yogi
प्रभुः	Prabhu	रविः	Ravi
प्राणः	Pran	रामः	Ram
ब्रह्म	Brahm	रुद्रः	Rudra
ब्रह्मा	Brahma	रोहितः	Rohit
भगवान्	Bhagavan	लक्ष्मीः	Laxmi
भानुः	Bhanu	वरुणः	Varun
भीमः	Bhim	वर्धमानः	Vardhaman
भूषणः	Bhushan	वसुः	Vasu
मधुः	Madhu	वामनः	Vaman
मधुसूदनः	Madhusudan	वायुः	Vayu
मनुः	Manu	वासुदेवः	Vasudev
मनोहरः	Manohar	विजयः	Vijay

विधाता	Vidhata	सनातनतमः	Sanatan
विनयः	Vinay	सनात्	Sanat
विभुः	Vibhu	सन्तः	Santa
विश्वकर्मा	Vishvakarma	सविता	Savita
विष्णुः	Vishnu	साक्षी	Sakshi
वीरः	Veer	साधुः	Sadhu
वृषभः	Vrishabh	सिंहः	Singh
वेदः	Ved	सिद्धः	Siddha
वैकुण्ठः	Vaikunth	सिद्धिः	Siddhi
शत्रुघ्नः	Shatrughan	सुन्दरः	Sundar
शमः	Shama	सुमेधाः	Sumedha
शम्भुः	Shambhu	सुरुचिः	Suruchi
शान्तः	Shanta	सुरेशः	Suresh
शान्तिः	Shanti	सुलोचनः	Sulochana
शिवः	Shiva	सुवीरः	Suveer
शुचिः	Suchi	सूर्यः	Surya
श्रीधरः	Sridhar	सोमः	Som
श्रीनिधिः	Srinidhi	स्कन्दः	Skanda
श्रीनिवासः	Srinivas	स्तुतिः	Stuti
श्रीमान्	Shriman	स्वस्ति	Svasti
श्रेयः	Shreyas	हंसः	Hans
सत्	Sat	हरिः	Hari
सत्यः	Satya	हृषीकेशः	Hrishikesh

Sequential Names Devanagari

१ विश्वं , २ विष्णुः ३ वषट्कारः , ४ भूतभव्यभवत्प्रभुः ।

५ भूतकृत् , ६ भूतभृत् , ७ भावः ८ भूतात्मा ९ भूतभावनः ॥ १ ॥

पूतात्मा , परमात्मा , मुक्तानां परमा गतिः ।

अव्ययः , पुरुषः , साक्षी , क्षेत्रज्ञः , अक्षरः ॥ २ ॥

योगः , योगविदां नेता , प्रधानपुरुषेश्वरः ।

नारसिंहवपुः , श्रीमान् , केशवः , पुरुषोत्तमः ॥ ३ ॥

सर्वः , शर्वः , शिवः , स्थाणुः , भूतादिः निधिः , अव्ययः । ३१

सम्भवः , भावनः , भर्ता , प्रभवः , प्रभुः , ईश्वरः ॥ ४ ॥

स्वयम्भूः , शम्भुः , आदित्यः , पुष्कराक्षः , महास्वनः । ४२

अनादिनिधनः , धाता , विधाता , धातुरुत्तमः ॥ ५ ॥

अप्रमेयः , हृषीकेशः , पद्मनाभः , अमरप्रभुः ।

विश्वकर्मा , मनुः , त्वष्टा , स्थविष्ठः , स्थविरः ध्रुवः ॥ ६ ॥

अग्राह्यः , शाश्वतः , कृष्णः , लोहिताक्षः , प्रतर्दनः ।

प्रभूतः , त्रिककुब्धाम , पवित्रं , मङ्गलं परम् ॥ ७ ॥

ईशानः , प्राणदः , प्राणः , ज्येष्ठः , श्रेष्ठः , प्रजापतिः ।

हिरण्यगर्भः , भूगर्भः , माधवः , मधुसूदनः ॥ ८ ॥

ईश्वरः , विक्रमी , धन्वी , मेधावी , विक्रमः , क्रमः ।

अनुत्तमः , दुराधर्षः , कृतज्ञः , कृतिः , आत्मवान् ॥ ९॥

सुरेशः , शरणं , शर्म , विश्वरेताः , प्रजाभवः ।

अहः , संवत्सरः , व्यालः , प्रत्ययः , सर्वदर्शनः ॥ १०॥

अजः , सर्वेश्वरः , सिद्धः , सिद्धिः , सर्वादिः , अच्युतः ।

वृषाकपिः , अमेयात्मा , सर्वयोगविनिःसृतः ॥ ११॥

वसुः , वसुमनाः , सत्यः , समात्मा , सम्मितः / असम्मितः , समः ।

सम्मितः , असम्मितः both words have opposite meaning,

yet either word can be used. In any case during

chanting, the अ is silent.

अमोघः , पुण्डरीकाक्षः , वृषकर्मा , वृषाकृतिः ॥ १२॥

रुद्रः , बहुशिराः , बभ्रुः , विश्वयोनिः , शुचिश्रवाः ।

अमृतः , शाश्वतस्थाणुः , वरारोहः , महातपाः ॥ १३॥

सर्वगः , सर्वविद्भानुः , विष्वक्सेनः , जनार्दनः ।

वेदः , वेदवित् , अव्यङ्गः , वेदाङ्गः , वेदवित् , कविः ॥ १४॥

लोकाध्यक्षः , सुराध्यक्षः , धर्माध्यक्षः , कृताकृतः ।

चतुरात्मा , चतुर्व्यूहः , चतुर्दंष्ट्रः , चतुर्भुजः ॥ १५॥

भ्राजिष्णुः , भोजनं , भोक्ता , सहिष्णुः , जगदादिजः ।

अनघः , विजयः , जेता , विश्वयोनिः , पुनर्वसुः ॥ १६॥

उपेन्द्रः , वामनः , प्रांशुः , अमोघः , शुचिः , ऊर्जितः ।
अतीन्द्रः , सङ्ग्रहः , सर्गः , धृतात्मा , नियमः , यमः ॥ १७॥

वेद्यः , वैद्यः , सदायोगी , वीरहा , माधवः , मधुः ।
अतीन्द्रियः , महामायः , महोत्साहः , महाबलः ॥ १८॥

महाबुद्धिः , महावीर्यः , महाशक्तिः , महाद्युतिः ।
अनिर्देश्यवपुः , श्रीमान् , अमेयात्मा , महाद्रिधृक् ॥ १९॥

महेष्वासः , महीभर्ता , श्रीनिवासः , सतां गतिः ।
अनिरुद्धः , सुरानन्दः , गोविन्दः , गोविदां पतिः ॥ २०॥

मरीचिः , दमनः , हंसः , सुपर्णः , भुजगोत्तमः ।
हिरण्यनाभः , सुतपाः , पद्मनाभः , प्रजापतिः ॥ २१॥

अमृत्युः , सर्वदृक् , सिंहः , सन्धाता , सन्धिमान् , स्थिरः ।
अजः , दुर्मर्षणः , शास्ता , विश्रुतात्मा , सुरारिहा ॥ २२॥

गुरुः , गुरुतमः , धाम , सत्यः , सत्यपराक्रमः ।
निमिषः , अनिमिषः , स्रग्वी , वाचस्पतिरुदारधीः ॥ २३॥

अग्रणीः , ग्रामणीः , श्रीमान् , न्यायः , नेता , समीरणः ।
सहस्रमूर्धा , विश्वात्मा , सहस्राक्षः , सहस्रपात् ॥ २४॥

आवर्तनः , निवृत्तात्मा , संवृतः , सम्प्रमर्दनः ।
अहःसंवर्तकः , वह्निः , अनिलः , धरणीधरः ॥ २५॥

सुप्रसादः , प्रसन्नात्मा , विश्वधृक् , विश्वभुक् , विभुः ।

सत्कर्ता , सत्कृतः , साधुः , जह्नुः , नारायणः , नरः ॥ २६ ॥

असङ्ख्येयः , अप्रमेयात्मा , विशिष्टः , शिष्टकृत् , शुचिः ।

सिद्धार्थः , सिद्धसङ्कल्पः , सिद्धिदः , सिद्धिसाधनः ॥ २७ ॥

वृषाही , वृषभः , विष्णुः , वृषपर्वा , वृषोदरः ।

वर्धनः , वर्धमानः , विविक्तः , श्रुतिसागरः ॥ २८ ॥

सुभुजः , दुर्धरः , वाग्मी , महेन्द्रः , वसुदः , वसुः ।

नैकरूपः , बृहद्रूपः , शिपिविष्टः , प्रकाशनः ॥ २९ ॥

ओजस्तेजोद्युतिधरः , प्रकाशात्मा , प्रतापनः ।

ऋद्धः , स्पष्टाक्षरः , मन्त्रः , चन्द्रांशुः , भास्करद्युतिः ॥ ३० ॥

अमृतांशूद्भवः , भानुः , शशबिन्दुः , सुरेश्वरः ।

औषधं , जगतः सेतुः , सत्यधर्मपराक्रमः ॥ ३१ ॥

भूतभव्यभवन्नाथः , पवनः , पावनः , अनलः ।

कामहा , कामकृत् , कान्तः , कामः , कामप्रदः , प्रभुः ॥ ३२ ॥

युगादिकृत् , युगावर्तः , नैकमायः , महाशनः ।

अदृश्यः , व्यक्तरूपः , सहस्रजित् , अनन्तजित् ॥ ३३ ॥

308 इष्टः , अविशिष्टः , शिष्टेष्टः , शिखण्डी , नहुषः , वृषः ।

क्रोधहा , क्रोधकृत्कर्ता , विश्वबाहुः , महीधरः ॥ ३४ ॥

अच्युतः , प्रथितः , प्राणः , प्राणदः , वासवानुजः ।

अपां निधिः , अधिष्ठानम् , अप्रमत्तः , प्रतिष्ठितः ॥ ३५॥

स्कन्दः , स्कन्दधरः , धुर्यः , वरदः , वायुवाहनः ।

वासुदेवः , बृहद्भानुः , आदिदेवः , पुरन्दरः ॥ ३६॥

अशोकः , तारणः , तारः , शूरः , शौरिः , जनेश्वरः ।

अनुकूलः , शतावर्तः , पद्मी , पद्मनिभेक्षणः ॥ ३७॥

पद्मनाभः , अरविन्दाक्षः , पद्मगर्भः , शरीरभृत् ।

महर्द्धिः , ऋद्धः , वृद्धात्मा , महाक्षः , गरुडध्वजः ॥ ३८॥

अतुलः , शरभः , भीमः , समयज्ञः , हविर्हरिः ।

सर्वलक्षणलक्षण्यः , लक्ष्मीवान् , समितिञ्जयः ॥ ३९॥

विक्षरः , रोहितः , मार्गः , हेतुः , दामोदरः , सहः ।

महीधरः , महाभागः , वेगवान् , अमिताशनः ॥ ४०॥

उद्भवः , क्षोभणः , देवः , श्रीगर्भः , परमेश्वरः ।

करणं , कारणं , कर्ता , विकर्ता , गहनः , गुहः ॥ ४१॥

व्यवसायः , व्यवस्थानः , संस्थानः , स्थानदः , ध्रुवः ।

परर्द्धिः , परमस्पष्टः , तुष्टः , पुष्टः , शुभेक्षणः ॥ ४२॥

रामः , विरामः , विरतः , मार्गः , नेयः , नयः , अनयः ।

वीरः , शक्तिमतां श्रेष्ठः , धर्मः , धर्मविदुत्तमः ॥ ४३॥

वैकुण्ठः , पुरुषः , प्राणः , प्राणदः , प्रणवः , पृथुः ।

हिरण्यगर्भः , शत्रुघ्नः , व्याप्तः , वायुः , अधोक्षजः ॥ ४४॥

ऋतुः , सुदर्शनः , कालः , परमेष्ठी , परिग्रहः ।

उग्रः , संवत्सरः , दक्षः , विश्रामः , विश्वदक्षिणः ॥ ४५॥

विस्तारः , स्थावरस्थाणुः , प्रमाणं , बीजमव्ययम् ।

अर्थः , अनर्थः , महाकोशः , महाभोगः , महाधनः ॥ ४६॥

अनिर्विण्णः , स्थविष्ठः , अभूः / भूः , धर्मयूपः , महामखः ।

नक्षत्रनेमिः , नक्षत्री , क्षमः , क्षामः , समीहनः ॥ ४७॥

यज्ञः , इज्यः , महेज्यः , क्रतुः , सत्रं , सताङ्गतिः ।

सर्वदर्शी , विमुक्तात्मा , सर्वज्ञः , ज्ञानमुत्तमम् ॥ ४८॥

सुव्रतः , सुमुखः , सूक्ष्मः , सुघोषः , सुखदः , सुहृत् ।

मनोहरः , जितक्रोधः , वीरबाहुः , विदारणः ॥ ४९॥

स्वापनः , स्ववशः , व्यापी , नैकात्मा , नैककर्मकृत् ।

वत्सरः , वत्सलः , वत्सी , रत्नगर्भः , धनेश्वरः ॥ ५०॥

धर्मगुप् , धर्मकृत् , धर्मी , सत् , असत् , क्षरम् , अक्षरम् ।

अविज्ञाता , सहस्रांशुः , विधाता , कृतलक्षणः ॥ ५१॥

गभस्तिनेमिः , सत्त्वस्थः , सिंहः , भूतमहेश्वरः ।

आदिदेवः , महादेवः , देवेशः , देवभृद्गुरुः ॥ ५२॥

उत्तरः , गोपतिः , गोप्ता , ज्ञानगम्यः , पुरातनः ।

शरीरभूतभृत् , भोक्ता , कपीन्द्रः , भूरिदक्षिणः ॥ ५३ ॥

सोमपः , अमृतपः , सोमः , पुरुजित् , पुरुसत्तमः ।

विनयः , जयः , सत्यसन्धः , दाशार्हः , सात्वताम्पतिः ॥ ५४ ॥

जीवः , विनयितासाक्षी , मुकुन्दः , अमितविक्रमः ।

अम्भोनिधिः , अनन्तात्मा , महोदधिशयः , अन्तकः ॥ ५५ ॥

अजः , महार्हः , स्वाभाव्यः , जितामित्रः , प्रमोदनः ।

आनन्दः , नन्दनः , नन्दः / अनन्दः , सत्यधर्मा , त्रिविक्रमः ॥ ५६ ॥

महर्षिः कपिलाचार्यः , कृतज्ञः , मेदिनीपतिः ।

त्रिपदः , त्रिदशाध्यक्षः , महाशृङ्गः , कृतान्तकृत् ॥ ५७ ॥

महावराहः , गोविन्दः , सुषेणः , कनकाङ्गदी ।

गुह्यः , गभीरः , गहनः , गुप्तः , चक्रगदाधरः ॥ ५८ ॥

वेधाः , स्वाङ्गः , अजितः , कृष्णः , दृढः , सङ्कर्षणोऽच्युतः ।

वरुणः , वारुणः , वृक्षः , पुष्कराक्षः , महामनाः ॥ ५९ ॥

भगवान् , भगहा , आनन्दी , वनमाली , हलायुधः ।

आदित्यः , ज्योतिरादित्यः , सहिष्णुः , गतिसत्तमः ॥ ६० ॥

सुधन्वा , खण्डपरशुः / अखण्डपरशुः , दारुणः , द्रविणप्रदः ।

दिवःस्पृक् , सर्वदृग्व्यासः , वाचस्पतिरयोनिजः ॥ ६१ ॥

त्रिसामा , सामगः , साम , निर्वाणं , भेषजं , भिषक् ।
सन्न्यासकृत् , शमः , शान्तः , निष्ठा , शान्तिः , परायणम् ॥ ६२ ॥

शुभाङ्गः , शान्तिदः , स्रष्टा , कुमुदः , कुवलेशयः ।
गोहितः , गोपतिः , गोप्ता , वृषभाक्षः , वृषप्रियः ॥ ६३ ॥

अनिवर्ती , निवृत्तात्मा , सङ्क्षेप्ता , क्षेमकृत् , शिवः ।
श्रीवत्सवक्षाः , श्रीवासः , श्रीपतिः , श्रीमतां वरः ॥ ६४ ॥

श्रीदः , श्रीशः , श्रीनिवासः , श्रीनिधिः , श्रीविभावनः ।
श्रीधरः , श्रीकरः , श्रेयः , श्रीमान् , लोकत्रयाश्रयः ॥ ६५ ॥

स्वक्षः , स्वङ्गः , शातानन्दः , नन्दिः , ज्योतिर्गणेश्वरः ।
विजितात्मा , अविधेयात्मा , सत्कीर्तिः , छिन्नसंशयः ॥ ६६ ॥

उदीर्णः , सर्वतश्चक्षुः , अनीशः , शाश्वतस्थिरः ।
भूशयः , भूषणः , भूतिः , विशोकः , शोकनाशनः ॥ ६७ ॥

अर्चिष्मान् , अर्चितः , कुम्भः , विशुद्धात्मा , विशोधनः ।
अनिरुद्धः , अप्रतिरथः , प्रद्युम्नः , अमितविक्रमः ॥ ६८ ॥

कालनेमिनिहा , वीरः , शौरिः , शूरजनेश्वरः ।
त्रिलोकात्मा , त्रिलोकेशः , केशवः , केशिहा , हरिः ॥ ६९ ॥

कामदेवः , कामपालः , कामी , कान्तः , कृतागमः ।
अनिर्देश्यवपुः , विष्णुः , वीरः , अनन्तः , धनञ्जयः ॥ ७० ॥

ब्रह्मण्यः , ब्रह्मकृत् , ब्रह्मा , ब्रह्म , ब्रह्मविवर्धनः ।

ब्रह्मवित् , ब्रह्मणः , ब्रह्मी , ब्रह्मज्ञः , ब्राह्मणप्रियः ॥ ७१ ॥

महाक्रमः , महाकर्मा , महातेजाः , महोरगः ।

महाक्रतुः , महायज्वा , महायज्ञः , महाहविः ॥ ७२ ॥

स्तव्यः , स्तवप्रियः , स्तोत्रं , स्तुतिः , स्तोता , रणप्रियः ।

पूर्णः , पूरयिता , पुण्यः , पुण्यकीर्तिः , अनामयः ॥ ७३ ॥

मनोजवः , तीर्थकरः , वसुरेताः , वसुप्रदः ।

वसुप्रदः , वासुदेवः , वसुः , वसुमनाः , हविः ॥ ७४ ॥

सद्गतिः , सत्कृतिः , सत्ता , सद्भूतिः , सत्परायणः ।

शूरसेनः , यदुश्रेष्ठः , सन्निवासः , सुयामुनः ॥ ७५ ॥

भूतावासः , वासुदेवः , सर्वासुनिलयः , अनलः ।

दर्पहा , दर्पदः , दृप्तः , दुर्धरः अथ , अपराजितः ॥ ७६ ॥

विश्वमूर्तिः , महामूर्तिः , दीप्तमूर्तिः , अमूर्तिमान् ।

अनेकमूर्तिः , अव्यक्तः , शतमूर्तिः , शताननः ॥ ७७ ॥

एकः , नैकः , सवः , कः , किं , यत् , तत् , पदमनुत्तमम् ।

लोकबन्धुः , लोकनाथः , माधवः , भक्तवत्सलः ॥ ७८ ॥

सुवर्णवर्णः , हेमाङ्गः , वराङ्गः , चन्दनाङ्गदी ।

वीरहा , विषमः , शून्यः , घृताशीः , अचलः , चलः ॥ ७९ ॥

अमानी , मानदः , मान्यः , लोकस्वामी , त्रिलोकधृक् ।
सुमेधाः , मेधजः , धन्यः , सत्यमेधाः , धराधरः ॥ ८० ॥

तेजोवृषः , द्युतिधरः , सर्वशस्त्रभृतां वरः ।
प्रग्रहः , निग्रहः , व्यग्रः , नैकशृङ्गः , गदाग्रजः ॥ ८१ ॥

चतुर्मूर्तिः , चतुर्बाहुः , चतुर्व्यूहः , चतुर्गतिः ।
चतुरात्मा , चतुर्भावः , चतुर्वेदवित् , एकपात् ॥ ८२ ॥

समावर्तः , अनिवृत्तात्मा / निवृत्तात्मा , दुर्जयः , दुरतिक्रमः ।
दुर्लभः , दुर्गमः , दुर्गः , दुरावासः , दुरारिहा ॥ ८३ ॥

शुभाङ्गः , लोकसारङ्गः , सुतन्तुः , तन्तुवर्धनः ।
इन्द्रकर्मा , महाकर्मा , कृतकर्मा , कृतागमः ॥ ८४ ॥

उद्भवः , सुन्दरः , सुन्दः , रत्ननाभः , सुलोचनः ।
अर्कः , वाजसनः , शृङ्गी , जयन्तः , सर्वविजयी ॥ ८५ ॥

सुवर्णबिन्दुः , अक्षोभ्यः , सर्ववागीश्वरेश्वरः ।
महाह्रदः , महागर्तः , महाभूतः , महानिधिः ॥ ८६ ॥

कुमुदः , कुन्दरः , कुन्दः , पर्जन्यः , पावनः , अनिलः ।
अमृताशः , अमृतवपुः , सर्वज्ञः , सर्वतोमुखः ॥ ८७ ॥

सुलभः , सुव्रतः , सिद्धः , शत्रुजित् , शत्रुतापनः ।
न्यग्रोधः , उदुम्बरः , अश्वत्थः , चाणूरान्ध्रनिषूदनः ॥ ८८ ॥

सहस्रार्चिः , सप्तजिह्वः , सप्तैधाः , सप्तवाहनः ।

अमूर्तिः , अनघः , अचिन्त्यः , भयकृत् , भयनाशानः ॥ ८९ ॥

अणुः , बृहत् , कृशः , स्थूलः , गुणभृत् , निर्गुणः , महान् ।

अधृतः , स्वधृतः , स्वास्यः , प्राग्वंशः , वंशवर्धनः ॥ ९० ॥

भारभृत् , कथितः , योगी , योगीशः , सर्वकामदः ।

आश्रमः , श्रमणः , क्षामः , सुपर्णः , वायुवाहनः ॥ ९१ ॥

धनुर्धरः , धनुर्वेदः , दण्डः , दमयिता , दमः ।

अपराजितः , सर्वसहः , नियन्ता , अनियमः , अयमः ॥ ९२ ॥

सत्त्ववान् , सात्त्विकः , सत्यः , सत्यधर्मपरायणः ।

अभिप्रायः , प्रियार्हः , अर्हः , प्रियकृत् , प्रीतिवर्धनः ॥ ९३ ॥

विहायसगतिः , ज्योतिः , सुरुचिः , हुतभुक् , विभुः ।

रविः , विरोचनः , सूर्यः , सविता , रविलोचनः ॥ ९४ ॥

अनन्तः , हुतभुक् , भोक्ता , सुखदः / असुखदः , नैकजः , अग्रजः ।

अनिर्विण्णः , सदामर्षी , लोकाधिष्ठानम् , अद्भुतः ॥ ९५ ॥

सनात् , सनातनतमः , कपिलः , कपिः , अप्ययः ।

स्वस्तिदः , स्वस्तिकृत् , स्वस्ति , स्वस्तिभुक् , स्वस्तिदक्षिणः ॥ ९६ ॥

अरौद्रः , कुण्डली , चक्री , विक्रमी , ऊर्जितशासनः ।

शब्दातिगः , शब्दसहः , शिशिरः , शर्वरीकरः ॥ ९७ ॥

अक्रूरः , पेशलः , दक्षः , दक्षिणः , क्षमिणां , वरः ।

विद्वत्तमः , वीतभयः , पुण्यश्रवणकीर्तनः ॥ ९८ ॥

उत्तारणः , दुष्कृतिहा , पुण्यः , दुःस्वप्ननाशनः ।

वीरहा , रक्षणः , सन्तः , जीवनः , पर्यवस्थितः ॥ ९९ ॥

अनन्तरूपः , अनन्तश्रीः , जितमन्युः , भयापहः ।

चतुरश्रः , गभीरात्मा , विदिशः , व्यादिशः , दिशः ॥ १०० ॥

अनादिः , भूर्भुवः , लक्ष्मीः , सुवीरः , रुचिराङ्गदः ।

जननः , जनजन्मादिः , भीमः , भीमपराक्रमः ॥ १०१ ॥

आधारनिलयः , अधाता / धाता , पुष्पहासः , प्रजागरः ।

ऊर्ध्वगः , सत्पथाचारः , प्राणदः , प्रणवः , पणः ॥ १०२ ॥

प्रमाणं , प्राणनिलयः , प्राणभृत् , प्राणजीवनः ।

तत्त्वं , तत्त्ववित् , एकात्मा , जन्ममृत्युजरातिगः ॥ १०३ ॥

भूर्भुवःस्वस्तरुः , तारः , सविता , प्रपितामहः ।

यज्ञः , यज्ञपतिः , यज्वा , यज्ञाङ्गः , यज्ञवाहनः ॥ १०४ ॥

यज्ञभृत् , यज्ञकृत् , यज्ञी , यज्ञभुक् , यज्ञसाधनः ।

यज्ञान्तकृत् , यज्ञगुह्यम् , अन्नम् , अन्नादः ॥ १०५ ॥

आत्मयोनिः , स्वयञ्जातः , वैखानः , सामगायनः ।

देवकीनन्दनः , स्रष्टा , क्षितीशः , पापनाशनः ॥ १०६ ॥

शङ्खभृत् , नन्दकी , चक्री , शार्ङ्गधन्वा , गदाधरः ।

रथाङ्गपाणिः , अक्षोभ्यः , 1000 सर्वप्रहरणायुधः ॥ १०७॥

Section 2 Original Verses

This Version is from the epic Mahabharata. (Alternate readings are available in the texts Skanda Purana, Garuda Purana, etc.)

॥ श्री विष्णुसहस्रनामस्तोत्रम् ॥

ॐ शुक्लाम्बरधरं विष्णुं शशिवर्णं चतुर्भुजम् ।

प्रसन्नवदनं ध्यायेत् सर्वविघ्नोपशान्तये ॥ १ ॥

यस्य द्विरदवक्त्राद्याः पारिषद्याः परः शतम् ।

विघ्नं निघ्नन्ति सततं विष्वकसेनं तमाश्रये ॥ २ ॥

व्यासं वसिष्ठनप्तारं शक्तेः पौत्रमकल्मषम् ।

पराशरात्मजं वन्दे शुकतातं तपोनिधिम् ॥ ३ ॥

व्यासाय विष्णुरूपाय व्यासरूपाय विष्णवे ।

नमो वै ब्रह्मनिधये वासिष्ठाय नमो नमः ॥ ४ ॥

अविकाराय शुद्धाय नित्याय परमात्मने ।

सदैकरूपरूपाय विष्णवे सर्वजिष्णवे ॥ ५ ॥

यस्य स्मरणमात्रेण जन्मसंसारबन्धनात् ।

विमुच्यते नमस्तस्मै विष्णवे प्रभविष्णवे ॥ ६ ॥

ॐ नमो विष्णवे प्रभविष्णवे ।

वैशाम्पायन उवाच

श्रुत्वा धर्मानशेषेण पावनानि च सर्वशः ।

युधिष्ठिरः शान्तनवं पुनरेवाभ्यभाषत ॥ १ ॥

युधिष्ठिर उवाच King Yudhisthir asked

किमेकं दैवतं लोके किं वाप्येकं परायणम् ।

स्तुवन्तः कं कमर्चन्तः प्राप्नुयुर्मानवाः शुभम् ॥ २ ॥

को धर्मः सर्वधर्माणां भवतः परमो मतः ।

किं जपन्मुच्यते जन्तुर्जन्मसंसारबन्धनात् ॥ ३ ॥

भीष्म उवाच The Grandsire Bhisma replied

जगत्प्रभुं देवदेवमनन्तं पुरुषोत्तमम् ।

स्तुवन्नामसहस्रेण पुरुषः सततोत्थितः ॥ ४ ॥

तमेव चार्चयन्नित्यं भक्त्या पुरुषमव्ययम् ।

ध्यायन्स्तुवन्नमस्यंश्च यजमानस्तमेव च ॥ ५ ॥

अनादिनिधनं विष्णुं सर्वलोकमहेश्वरम् ।

लोकाध्यक्षं स्तुवन्नित्यं सर्वदुःखातिगो भवेत् ॥ ६ ॥

ब्रह्मण्यं सर्वधर्मज्ञं लोकानां कीर्तिवर्धनम् ।

लोकनाथं महद्भूतं सर्वभूतभवोद्भवम् ॥ ७ ॥

एष मे सर्वधर्माणां धर्मोऽधिकतमो मतः ।

यद्भक्त्या पुण्डरीकाक्षं स्तवैरर्चेन्नरः सदा ॥ ८ ॥

परमं यो महत्तेजः परमं यो महत्तपः ।

परमं यो महद्ब्रह्म परमं यः परायणम् ॥ ९ ॥

पवित्राणां पवित्रं यो मङ्गलानां च मङ्गलम् ।

दैवतं देवतानां च भूतानां योऽव्ययः पिता ॥ १० ॥

यतः सर्वाणि भूतानि भवन्त्यादियुगागमे ।

यस्मिंश्च प्रलयं यान्ति पुनरेव युगक्षये ॥ ११ ॥

तस्य लोकप्रधानस्य जगन्नाथस्य भूपते ।

विष्णोर्नामसहस्रं मे शृणु पापभयापहम् ॥ १२ ॥

यानि नामानि गौणानि विख्यातानि महात्मनः ।

ऋषिभिः परिगीतानि तानि वक्ष्यामि भूतये ॥ १३ ॥

ऋषिर्नाम्नां सहस्रस्य वेदव्यासो महामुनिः ॥

छन्दोऽनुष्टुप् तथा देवो भगवान् देवकीसुतः ॥ १४ ॥

अमृतांशूद्भवो बीजं शक्तिर्देवकिनन्दनः ।

त्रिसामा हृदयं तस्य शान्त्यर्थे विनियुज्यते ॥ १५ ॥

विष्णुं जिष्णुं महाविष्णुं प्रभविष्णुं महेश्वरम् ॥

अनेकरूपदैत्यान्तं नमामि पुरुषोत्तमम् ॥ १६ ॥

अथ पूर्व न्यासः ।

अस्य श्रीविष्णोर्दिव्यसहस्रनामस्तोत्रमहामन्त्रस्य । श्री वेदव्यासो

भगवान् ऋषिः । अनुष्टुप् छन्दः । श्रीमहाविष्णुः परमात्मा

श्रीमन्नारायणो देवता । अमृतांशूद्भवो भानुरिति बीजम् । देवकीनन्दनः

स्रष्टेति शक्तिः । उद्धवः क्षोभणो देव इति परमो मन्त्रः । शङ्खभृन्नन्दकी

चक्रीति कीलकम् । शार्ङ्गधन्वा गदाधर इत्यस्त्रम् । रथाङ्गपाणिरक्षोभ्य

इति नेत्रम् । त्रिसामा सामगः सामेति कवचम् । आनन्दं परब्रह्मेति

योनिः । ऋतुः सुदर्शनः काल इति दिग्बन्धः । श्री विश्वरूप इति

ध्यानम् । श्री महाविष्णुप्रीत्यर्थे सहस्रनामजपे विनियोगः ॥

अथ न्यासः ।

ॐ शिरसि वेदव्यासऋषये नमः ।

मुखे अनुष्टुप्छन्दसे नमः ।

हृदि श्रीकृष्णपरमात्मदेवतायै नमः ।

गुह्ये अमृतांशूद्भवो भानुरिति बीजाय नमः ।

पादयोर्देवकीनन्दनः स्रष्टेति शक्तये नमः ।

सर्वाङ्गे शङ्खभृन्नन्दकी चक्रीति कीलकाय नमः ।

करसम्पुटे मम श्रीकृष्णप्रीत्यर्थे जपे विनियोगाय नमः ॥

इति ऋषयादिन्यासः ॥

अथ करन्यासः ।

ॐ विश्वं विष्णुर्वषट्कार इत्यङ्गुष्ठाभ्यां नमः ।

अमृतांशूद्भवो भानुरिति तर्जनीभ्यां नमः ।

ब्रह्मण्यो ब्रह्मकृद्ब्रह्मेति मध्यमाभ्यां नमः ।

सुवर्णबिन्दुरक्षोभ्य इत्यनामिकाभ्यां नमः ।

निमिषोऽनिमिषः स्रग्वीति कनिष्ठिकाभ्यां नमः ।

रथाङ्गपाणिरक्षोभ्य इति करतलकरपृष्ठाभ्यां नमः ।

इति करन्यासः ।

अथ षडङ्गन्यासः ।

ॐ विश्वं विष्णुर्वषट्कार इति हृदयाय नमः ।

अमृतांशूद्भवो भानुरिति शिरसे स्वाहा ।

ब्रह्मण्यो ब्रह्मकृद्ब्रह्मेति शिखायै वषट् ।

सुवर्णबिन्दुरक्षोभ्य इति कवचाय हुम् ।

निमिषोऽनिमिषः स्रग्वीति नेत्रत्रयाय वौषट् ।

रथाङ्गपाणिरक्षोभ्य इत्यस्त्राय फट् ।

इति षडङ्गन्यासः ॥

श्रीकृष्णप्रीत्यर्थे विष्णोर्दिव्यसहस्रनामजपमहं करिष्ये इति सङ्कल्पः ।

ध्यानम् ।

क्षीरोदन्वत्प्रदेशे शुचिमणिविलसत्सैकतेमौक्तिकानां मालाकॢप्तासनस्थः
स्फटिकमणिनिभैर्मौक्तिकैर्मण्डिताङ्गः ।

शुभ्रैरभ्रैरदभ्रैरुपरिविरचितैर्मुक्तपीयूष वर्षैः आनन्दी नः
पुनीयादरिनलिनगदा शङ्खपाणिर्मुकुन्दः ॥ १ ॥

भूः पादौ यस्य नाभिर्वियदसुरनिलश्चन्द्र सूर्यौ च नेत्रे कर्णावाशाः शिरो
द्यौर्मुखमपि दहनो यस्य वास्तेयमब्धिः । अन्तःस्थं यस्य विश्वं
सुरनरखगगोभोगिगन्धर्वदैत्यैः चित्रं रंरम्यते तं त्रिभुवन वपुषं
विष्णुमीशं नमामि ॥ २ ॥

ॐ नमो भगवते वासुदेवाय ॥

शान्ताकारं भुजगशायनं पद्मनाभं सुरेशं
विश्वाधारं गगनसदृशं मेघवर्णं शुभाङ्गम् ।
लक्ष्मीकान्तं कमलनयनं योगिभिर्ध्यानगम्यं
वन्दे विष्णुं भवभयहरं सर्वलोकैकनाथम् ॥ ३ ॥

नमस्समस्तभूतानामादिभूताय भूभृते ।
अनेकरूपरूपाय विष्णवे प्रभविष्णवे ॥

मेघश्यामं पीतकौशेयवासं श्रीवत्साङ्कं कौस्तुभोद्भासिताङ्गम् ।
पुण्योपेतं पुण्डरीकायताक्षं विष्णुं वन्दे सर्वलोकैकनाथम् ॥ ४ ॥

सशङ्खचक्रं सकिरीटकुण्डलं सपीतवस्त्रं सरसीरुहेक्षणम् ।

सहारवक्षःस्थलकौस्तुभश्रियं नमामि विष्णुं शिरसा चतुर्भुजम् ॥ ५॥

छायायां पारिजातस्य हेमसिंहासनोपरि

आसीनमम्बुदश्याममायताक्षमलंकृतम् ।

चन्द्राननं चतुर्बाहुं श्रीवत्साङ्कित वक्षसं

रुक्मिणी सत्यभामाभ्यां सहितं कृष्णमाश्रये ॥ ६॥

अथ सहस्त्रनाम

ॐ विश्वं विष्णुर्वषट्कारो भूतभव्यभवत्प्रभुः ।

भूतकृद्भूतभृद्भावो भूतात्मा भूतभावनः ॥ १॥

पूतात्मा परमात्मा च मुक्तानां परमा गतिः ।

अव्ययः पुरुषः साक्षी क्षेत्रज्ञोऽक्षर एव च ॥ २॥

योगो योगविदां नेता प्रधानपुरुषेश्वरः ।

नारसिंहवपुः श्रीमान् केशवः पुरुषोत्तमः ॥ ३॥

सर्वः शर्वः शिवः स्थाणुर्भूतादिनिधिरव्ययः ।

सम्भवो भावनो भर्ता प्रभवः प्रभुरीश्वरः ॥ ४॥

स्वयम्भूः शम्भुरादित्यः पुष्कराक्षो महास्वनः ।

अनादिनिधनो धाता विधाता धातुरुत्तमः ॥ ५॥

अप्रमेयो हृषीकेशः पद्मनाभोऽमरप्रभुः ।

विश्वकर्मा मनुस्त्वष्टा स्थविष्ठः स्थविरो ध्रुवः ॥ ६॥

अग्राह्यः शाश्वतः कृष्णो लोहिताक्षः प्रतर्दनः ।

प्रभूतस्त्रिककुब्धाम पवित्रं मङ्गलं परम् ॥ ७॥

ईशानः प्राणदः प्राणो ज्येष्ठः श्रेष्ठः प्रजापतिः ।

हिरण्यगर्भो भूगर्भो माधवो मधुसूदनः ॥ ८॥

ईश्वरो विक्रमी धन्वी मेधावी विक्रमः क्रमः ।

अनुत्तमो दुराधर्षः कृतज्ञः कृतिरात्मवान् ॥ ९॥

सुरेशः शरणं शर्म विश्वरेताः प्रजाभवः ।

अहः संवत्सरो व्यालः प्रत्ययः सर्वदर्शनः ॥ १०॥

अजः सर्वेश्वरः सिद्धः सिद्धिः सर्वादिरच्युतः ।

वृषाकपिरमेयात्मा सर्वयोगविनिःसृतः ॥ ११॥

वसुर्वसुमनाः सत्यः समात्माऽसम्मितः समः ।

अमोघः पुण्डरीकाक्षो वृषकर्मा वृषाकृतिः ॥ १२॥

रुद्रो बहुशिरा बभ्रुर्विश्वयोनिः शुचिश्रवाः ।

अमृतः शाश्वतस्थाणुर्वरारोहो महातपाः ॥ १३॥

सर्वगः सर्वविद्भानुर्विष्वक्सेनो जनार्दनः ।

वेदो वेदविदव्यङ्गो वेदाङ्गो वेदवित् कविः ॥ १४॥

लोकाध्यक्षः सुराध्यक्षो धर्माध्यक्षः कृताकृतः ।

चतुरात्मा चतुर्व्यूहश्चतुर्दंष्ट्रश्चतुर्भुजः ॥ १५॥

भ्राजिष्णुर्भोजनं भोक्ता सहिष्णुर्जगदादिजः ।

अनघो विजयो जेता विश्वयोनिः पुनर्वसुः ॥ १६ ॥

उपेन्द्रो वामनः प्रांशुरमोघः शुचिरूर्जितः ।

अतीन्द्रः सङ्ग्रहः सर्गो धृतात्मा नियमो यमः ॥ १७ ॥

वेद्यो वैद्यः सदायोगी वीरहा माधवो मधुः ।

अतीन्द्रियो महामायो महोत्साहो महाबलः ॥ १८ ॥

महाबुद्धिर्महावीर्यो महाशक्तिर्महाद्युतिः ।

अनिर्देश्यवपुः श्रीमानमेयात्मा महाद्रिधृक् ॥ १९ ॥

महेष्वासो महीभर्ता श्रीनिवासः सतां गतिः ।

अनिरुद्धः सुरानन्दो गोविन्दो गोविदां पतिः ॥ २० ॥

मरीचिर्दमनो हंसः सुपर्णो भुजगोत्तमः ।

हिरण्यनाभः सुतपाः पद्मनाभः प्रजापतिः ॥ २१ ॥

अमृत्युः सर्वदृक् सिंहः सन्धाता सन्धिमान् स्थिरः ।

अजो दुर्मर्षणः शास्ता विश्रुतात्मा सुरारिहा ॥ २२ ॥

गुरुर्गुरुतमो धाम सत्यः सत्यपराक्रमः ।

निमिषोऽनिमिषः स्रग्वी वाचस्पतिरुदारधीः ॥ २३ ॥

अग्रणीर्ग्रामणीः श्रीमान् न्यायो नेता समीरणः ।

सहस्रमूर्धा विश्वात्मा सहस्राक्षः सहस्रपात् ॥ २४ ॥

आवर्तनो निवृत्तात्मा संवृतः सम्प्रमर्दनः ।

अहःसंवर्तको वह्निरनिलो धरणीधरः ॥ २५ ॥

सुप्रसादः प्रसन्नात्मा विश्वधृग्विश्वभुग्विभुः ।

सत्कर्ता सत्कृतः साधुर्जह्नुर्नारायणो नरः ॥ २६ ॥

असङ्ख्येयोऽप्रमेयात्मा विशिष्टः शिष्टकृच्छुचिः ।

सिद्धार्थः सिद्धसङ्कल्पः सिद्धिदः सिद्धिसाधनः ॥ २७ ॥

वृषाही वृषभो विष्णुर्वृषपर्वा वृषोदरः ।

वर्धनो वर्धमानश्च विविक्तः श्रुतिसागरः ॥ २८ ॥

सुभुजो दुर्धरो वाग्मी महेन्द्रो वसुदो वसुः ।

नैकरूपो बृहद्रूपः शिपिविष्टः प्रकाशनः ॥ २९ ॥

ओजस्तेजोद्युतिधरः प्रकाशात्मा प्रतापनः ।

ऋद्धः स्पष्टाक्षरो मन्त्रश्चन्द्रांशुर्भास्करद्युतिः ॥ ३० ॥

अमृतांशूद्भवो भानुः शशबिन्दुः सुरेश्वरः ।

औषधं जगतः सेतुः सत्यधर्मपराक्रमः ॥ ३१ ॥

भूतभव्यभवन्नाथः पवनः पावनोऽनलः ।

कामहा कामकृत्कान्तः कामः कामप्रदः प्रभुः ॥ ३२ ॥

युगादिकृद्युगावर्तो नैकमायो महाशनः ।

अदृश्यो व्यक्तरूपश्च सहस्रजिदनन्तजित् ॥ ३३ ॥

इष्टोऽविशिष्टः शिष्टेष्टः शिखण्डी नहुषो वृषः ।

क्रोधहा क्रोधकृत्कर्ता विश्वबाहुर्महीधरः ॥ ३४ ॥

अच्युतः प्रथितः प्राणः प्राणदो वासवानुजः ।

अपान्निधिरधिष्ठानमप्रमत्तः प्रतिष्ठितः ॥ ३५ ॥

स्कन्दः स्कन्दधरो धुर्यो वरदो वायुवाहनः ।

वासुदेवो बृहद्भानुरादिदेवः पुरन्दरः ॥ ३६ ॥

अशोकस्तारणस्तारः शूरः शौरिर्जनेश्वरः ।

अनुकूलः शतावर्तः पद्मी पद्मनिभेक्षणः ॥ ३७ ॥

पद्मनाभोऽरविन्दाक्षः पद्मगर्भः शरीरभृत् ।

महर्द्धिरृद्धो वृद्धात्मा महाक्षो गरुडध्वजः ॥ ३८ ॥

अतुलः शरभो भीमः समयज्ञो हविर्हरिः ।

सर्वलक्षणलक्षण्यो लक्ष्मीवान् समितिञ्जयः ॥ ३९ ॥

विक्षरो रोहितो मार्गो हेतुर्दामोदरः सहः ।

महीधरो महाभागो वेगवानमिताशनः ॥ ४० ॥

उद्भवः क्षोभणो देवः श्रीगर्भः परमेश्वरः ।

करणं कारणं कर्ता विकर्ता गहनो गुहः ॥ ४१ ॥

व्यवसायो व्यवस्थानः संस्थानः स्थानदो ध्रुवः ।

परर्द्धिः परमस्पष्टस्तुष्टः पुष्टः शुभेक्षणः ॥ ४२ ॥

रामो विरामो विरतो मार्गो नेयो नयोऽनयः ।
वीरः शक्तिमतां श्रेष्ठो धर्मो धर्मविदुत्तमः ॥ ४३ ॥

वैकुण्ठः पुरुषः प्राणः प्राणदः प्रणवः पृथुः ।
हिरण्यगर्भः शत्रुघ्नो व्याप्तो वायुरधोक्षजः ॥ ४४ ॥

ऋतुः सुदर्शनः कालः परमेष्ठी परिग्रहः ।
उग्रः संवत्सरो दक्षो विश्रामो विश्वदक्षिणः ॥ ४५ ॥

विस्तारः स्थावरस्थाणुः प्रमाणं बीजमव्ययम् ।
अर्थोऽनर्थो महाकोशो महाभोगो महाधनः ॥ ४६ ॥

अनिर्विण्णः स्थविष्ठोऽभूर्धर्मयूपो महामखः ।
नक्षत्रनेमिर्नक्षत्री क्षमः क्षामः समीहनः ॥ ४७ ॥

यज्ञ इज्यो महेज्यश्च क्रतुः सत्रं सतांगतिः ।
सर्वदर्शी विमुक्तात्मा सर्वज्ञो ज्ञानमुत्तमम् ॥ ४८ ॥

सुव्रतः सुमुखः सूक्ष्मः सुघोषः सुखदः सुहृत् ।
मनोहरो जितक्रोधो वीरबाहुर्विदारणः ॥ ४९ ॥

स्वापनः स्ववशो व्यापी नैकात्मा नैककर्मकृत् ।
वत्सरो वत्सलो वत्सी रत्नगर्भो धनेश्वरः ॥ ५० ॥

धर्मगुब्धर्मकृद्धर्मी सदसत्क्षरमक्षरम् ।
अविज्ञाता सहस्रांशुर्विधाता कृतलक्षणः ॥ ५१ ॥

गभस्तिनेमिः सत्त्वस्थः सिंहो भूतमहेश्वरः ।
आदिदेवो महादेवो देवेशो देवभृद्गुरुः ॥ ५२ ॥

उत्तरो गोपतिर्गोप्ता ज्ञानगम्यः पुरातनः ।
शरीरभूतभृद्भोक्ता कपीन्द्रो भूरिदक्षिणः ॥ ५३ ॥

सोमपोऽमृतपः सोमः पुरुजित्पुरुसत्तमः ।
विनयो जयः सत्यसन्धो दाशार्हः सात्वताम्पतिः ॥ ५४ ॥

जीवो विनयितासाक्षी मुकुन्दोऽमितविक्रमः ।
अम्भोनिधिरनन्तात्मा महोदधिशयोऽन्तकः ॥ ५५ ॥

अजो महार्हः स्वाभाव्यो जितामित्रः प्रमोदनः ।
आनन्दो नन्दनो नन्दः सत्यधर्मा त्रिविक्रमः ॥ ५६ ॥

महर्षिः कपिलाचार्यः कृतज्ञो मेदिनीपतिः ।
त्रिपदस्त्रिदशाध्यक्षो महाशृङ्गः कृतान्तकृत् ॥ ५७ ॥

महावराहो गोविन्दः सुषेणः कनकाङ्गदी ।
गुह्यो गभीरो गहनो गुप्तश्चक्रगदाधरः ॥ ५८ ॥

वेधाः स्वाङ्गोऽजितः कृष्णो दृढः सङ्कर्षणोऽच्युतः ।
वरुणो वारुणो वृक्षः पुष्कराक्षो महामनाः ॥ ५९ ॥

भगवान् भगहाऽऽनन्दी वनमाली हलायुधः ।
आदित्यो ज्योतिरादित्यः सहिष्णुर्गतिसत्तमः ॥ ६० ॥

सुधन्वा खण्डपरशुर्दारुणो द्रविणप्रदः ।

दिवःस्पृक् सर्वदृग्व्यासो वाचस्पतिरयोनिजः ॥ ६१ ॥

त्रिसामा सामगः साम निर्वाणं भेषजं भिषक् ।

सन्न्यासकृच्छमः शान्तो निष्ठा शान्तिः परायणम् ॥ ६२ ॥

शुभाङ्गः शान्तिदः स्रष्टा कुमुदः कुवलेशयः ।

गोहितो गोपतिर्गोप्ता वृषभाक्षो वृषप्रियः ॥ ६३ ॥

अनिवर्ती निवृत्तात्मा सङ्क्षेप्ता क्षेमकृच्छिवः ।

श्रीवत्सवक्षाः श्रीवासः श्रीपतिः श्रीमतां वरः ॥ ६४ ॥

श्रीदः श्रीशः श्रीनिवासः श्रीनिधिः श्रीविभावनः ।

श्रीधरः श्रीकरः श्रेयः श्रीमाँल्लोकत्रयाश्रयः ॥ ६५ ॥

स्वक्षः स्वङ्गः शतानन्दो नन्दिज्र्योतिर्गणेश्वरः ।

विजितात्माऽविधेयात्मा सत्कीर्तिरिच्छन्नसंशयः ॥ ६६ ॥

उदीर्णः सर्वतश्चक्षुरनीशः शाश्वतस्थिरः ।

भूशयो भूषणो भूतिर्विशोकः शोकनाशनः ॥ ६७ ॥

अर्चिष्मानर्चितः कुम्भो विशुद्धात्मा विशोधनः ।

अनिरुद्धोऽप्रतिरथः प्रद्युम्नोऽमितविक्रमः ॥ ६८ ॥

कालनेमिनिहा वीरः शौरिः शूरजनेश्वरः ।

त्रिलोकात्मा त्रिलोकेशः केशवः केशिहा हरिः ॥ ६९ ॥

कामदेवः कामपालः कामी कान्तः कृतागमः ।
अनिर्देश्यवपुर्विष्णुर्वीरोऽनन्तो धनञ्जयः ॥ ७० ॥

ब्रह्मण्यो ब्रह्मकृद्ब्रह्मा ब्रह्म ब्रह्मविवर्धनः ।
ब्रह्मविद्ब्राह्मणो ब्रह्मी ब्रह्मज्ञो ब्राह्मणप्रियः ॥ ७१ ॥

महाक्रमो महाकर्मा महातेजा महोरगः ।
महाक्रतुर्महायज्वा महायज्ञो महाहविः ॥ ७२ ॥

स्तव्यः स्तवप्रियः स्तोत्रं स्तुतिः स्तोता रणप्रियः ।
पूर्णः पूरयिता पुण्यः पुण्यकीर्तिरनामयः ॥ ७३ ॥

मनोजवस्तीर्थकरो वसुरेता वसुप्रदः ।
वसुप्रदो वासुदेवो वसुर्वसुमना हविः ॥ ७४ ॥

सद्गतिः सत्कृतिः सत्ता सद्भूतिः सत्परायणः ।
शूरसेनो यदुश्रेष्ठः सन्निवासः सुयामुनः ॥ ७५ ॥

भूतावासो वासुदेवः सर्वासुनिलयोऽनलः ।
दर्पहा दर्पदो दृप्तो दुर्धरोऽथापराजितः ॥ ७६ ॥

विश्वमूर्तिर्महामूर्तिर्दीप्तमूर्तिरमूर्तिमान् ।
अनेकमूर्तिरव्यक्तः शतमूर्तिः शताननः ॥ ७७ ॥

एको नैकः सवः कः किं यत्तत्पदमनुत्तमम् ।
लोकबन्धुर्लोकनाथो माधवो भक्तवत्सलः ॥ ७८ ॥

सुवर्णवर्णो हेमाङ्गो वराङ्गश्चन्दनाङ्गदी ।

वीरहा विषमः शून्यो घृताशीरचलश्चलः ॥ ७९ ॥

अमानी मानदो मान्यो लोकस्वामी त्रिलोकधृक् ।

सुमेधा मेधजो धन्यः सत्यमेधा धराधरः ॥ ८० ॥

तेजोवृषो द्युतिधरः सर्वशस्त्रभृतां वरः ।

प्रग्रहो निग्रहो व्यग्रो नैकशृङ्गो गदाग्रजः ॥ ८१ ॥

चतुर्मूर्तिश्चतुर्बाहुश्चतुर्व्यूहश्चतुर्गतिः ।

चतुरात्मा चतुर्भावश्चतुर्वेदविदेकपात् ॥ ८२ ॥

समावर्तोऽनिवृत्तात्मा दुर्जयो दुरतिक्रमः ।

दुर्लभो दुर्गमो दुर्गो दुरावासो दुरारिहा ॥ ८३ ॥

शुभाङ्गो लोकसारङ्गः सुतन्तुस्तन्तुवर्धनः ।

इन्द्रकर्मा महाकर्मा कृतकर्मा कृतागमः ॥ ८४ ॥

उद्भवः सुन्दरः सुन्दो रत्ननाभः सुलोचनः ।

अर्को वाजसनः शृङ्गी जयन्तः सर्वविज्जयी ॥ ८५ ॥

सुवर्णबिन्दुरक्षोभ्यः सर्ववागीश्वरेश्वरः ।

महाह्रदो महागर्तो महाभूतो महानिधिः ॥ ८६ ॥

कुमुदः कुन्दरः कुन्दः पर्जन्यः पावनोऽनिलः ।

अमृताशोऽमृतवपुः सर्वज्ञः सर्वतोमुखः ॥ ८७ ॥

सुलभः सुव्रतः सिद्धः शत्रुजिच्छत्रुतापनः ।
न्यग्रोध उदुम्बरोऽश्वत्थश्चाणूरान्ध्रनिषूदनः ॥ ८८ ॥

सहस्रार्चिः सप्तजिह्वः सप्तैधाः सप्तवाहनः ।
अमूर्तिरनघोऽचिन्त्यो भयकृद्भयनाशनः ॥ ८९ ॥

अणुर्बृहत्कृशः स्थूलो गुणभृन्निर्गुणो महान् ।
अधृतः स्वधृतः स्वास्यः प्राग्वंशो वंशवर्धनः ॥ ९० ॥

भारभृत्कथितो योगी योगीशः सर्वकामदः ।
आश्रमः श्रमणः क्षामः सुपर्णो वायुवाहनः ॥ ९१ ॥

धनुर्धरो धनुर्वेदो दण्डो दमयिता दमः ।
अपराजितः सर्वसहो नियन्ताऽनियमोऽयमः ॥ ९२ ॥

सत्त्ववान्सात्त्विकः सत्यः सत्यधर्मपरायणः ।
अभिप्रायः प्रियार्होऽर्हः प्रियकृत्प्रीतिवर्धनः ॥ ९३ ॥

विहायसगतिर्ज्योतिः सुरुचिर्हुतभुग्विभुः ।
रविर्विरोचनः सूर्यः सविता रविलोचनः ॥ ९४ ॥

अनन्तो हुतभुग्भोक्ता सुखदो नैकजोऽग्रजः ।
अनिर्विण्णः सदामर्षी लोकाधिष्ठानमद्भुतः ॥ ९५ ॥

सनात्सनातनतमः कपिलः कपिरप्ययः ।
स्वस्तिदः स्वस्तिकृत्स्वस्ति स्वस्तिभुक्स्वस्तिदक्षिणः ॥ ९६ ॥

अरौद्रः कुण्डली चक्री विक्रम्यूर्जितशासनः ।

शब्दातिगः शब्दसहः शिशिरः शर्वरीकरः ॥ ९७ ॥

अक्रूरः पेशलो दक्षो दक्षिणः क्षमिणां वरः ।

विद्वत्तमो वीतभयः पुण्यश्रवणकीर्तनः ॥ ९८ ॥

उत्तारणो दुष्कृतिहा पुण्यो दुःस्वप्ननाशनः ।

वीरहा रक्षणः सन्तो जीवनः पर्यवस्थितः ॥ ९९ ॥

अनन्तरूपोऽनन्तश्रीर्जितमन्युर्भयापहः ।

चतुरश्रो गभीरात्मा विदिशो व्यादिशो दिशः ॥ १०० ॥

अनादिर्भूर्भुवो लक्ष्मीः सुवीरो रुचिराङ्गदः ।

जननो जनजन्मादिर्भीमो भीमपराक्रमः ॥ १०१ ॥

आधारनिलयोऽधाता पुष्पहासः प्रजागरः ।

ऊर्ध्वगः सत्पथाचारः प्राणदः प्रणवः पणः ॥ १०२ ॥

प्रमाणं प्राणनिलयः प्राणभृत्प्राणजीवनः ।

तत्त्वं तत्त्वविदेकात्मा जन्ममृत्युजरातिगः ॥ १०३ ॥

भूर्भुवःस्वस्तरुस्तारः सविता प्रपितामहः ।

यज्ञो यज्ञपतिर्यज्वा यज्ञाङ्गो यज्ञवाहनः ॥ १०४ ॥

यज्ञभृद्यज्ञकृद्यज्ञी यज्ञभुग्यज्ञसाधनः ।

यज्ञान्तकृद्यज्ञगुह्यमन्नमन्नाद एव च ॥ १०५ ॥

आत्मयोनिः स्वयञ्जातो वैखानः सामगायनः ।

देवकीनन्दनः स्रष्टा क्षितीशः पापनाशनः ॥ १०६ ॥

शङ्खभृन्नन्दकी चक्री शार्ङ्गधन्वा गदाधरः ।

रथाङ्गपाणिरक्षोभ्यः सर्वप्रहरणायुधः ॥ १०७ ॥

सर्वप्रहरणायुध ॐ नम इति ।

वनमाली गदी शार्ङ्गी शङ्खी चक्री च नन्दकी ।

श्रीमान्नारायणो विष्णुर्वासुदेवोऽभिरक्षतु ॥ १०८ ॥ Repeat 3 times

॥ श्री वासुदेवोऽभिरक्षतु ॐ नम इति ॥ End of 1000 names

उत्तरन्यासः , फलश्रुतिः Fruits of Chanting

भीष्म उवाच

इतीदं कीर्तनीयस्य केशवस्य महात्मनः ।

नाम्नां सहस्रं दिव्यानामशेषेण प्रकीर्तितम् ॥ १ ॥

य इदं शृणुयान्नित्यं यश्चापि परिकीर्तयेत् ।

नाशुभं प्राप्नुयात्किञ्चित्सोऽमुत्रेह च मानवः ॥ २ ॥

वेदान्तगो ब्राह्मणः स्यात्क्षत्रियो विजयी भवेत् ।

वैश्यो धनसमृद्धः स्याच्छूद्रः सुखमवाप्नुयात् ॥ ३ ॥

धर्मार्थी प्राप्नुयाद्धर्ममर्थार्थी चार्थमाप्नुयात् ।

कामानवाप्नुयात्कामी प्रजार्थी चाप्नुयात्प्रजाम् ॥ ४ ॥

भक्तिमान् यः सदोत्थाय शुचिस्तद्गतमानसः ।

सहस्रं वासुदेवस्य नाम्नामेतत्प्रकीर्तयेत् ॥ ५ ॥

यशः प्राप्नोति विपुलं याति प्राधान्यमेव च ।

अचलां श्रियमाप्नोति श्रेयः प्राप्नोत्यनुत्तमम् ॥ ६ ॥

न भयं क्वचिदाप्नोति वीर्यं तेजश्च विन्दति ।

भवत्यरोगो द्युतिमान्बलरूपगुणान्वितः ॥ ७ ॥

रोगार्तो मुच्यते रोगाद्बद्धो मुच्येत बन्धनात् ।

भयान्मुच्येत भीतस्तु मुच्येतापन्न आपदः ॥ ८ ॥

दुर्गाण्यतितरत्याशु पुरुषः पुरुषोत्तमम् ।

स्तुवन्नामसहस्रेण नित्यं भक्तिसमन्वितः ॥ ९ ॥

वासुदेवाश्रयो मर्त्यो वासुदेवपरायणः ।

सर्वपापविशुद्धात्मा याति ब्रह्म सनातनम् ॥ १० ॥

न वासुदेवभक्तानामशुभं विद्यते क्वचित् ।

जन्ममृत्युजराव्याधिभयं नैवोपजायते ॥ ११ ॥

इमं स्तवमधीयानः श्रद्धाभक्तिसमन्वितः ।

युज्येतात्मसुखक्षान्तिश्रीधृतिस्मृतिकीर्तिभिः ॥ १२ ॥

न क्रोधो न च मात्सर्यं न लोभो नाशुभा मतिः ।

भवन्ति कृतपुण्यानां भक्तानां पुरुषोत्तमे ॥ १३ ॥

द्यौः सचन्द्रार्कनक्षत्रा खं दिशो भूर्महोदधिः ।

वासुदेवस्य वीर्येण विधृतानि महात्मनः ॥ १४ ॥

ससुरासुरगन्धर्वं सयक्षोरगराक्षसम् ।

जगद्वशे वर्ततेदं कृष्णस्य सचराचरम् ॥ १५ ॥

इन्द्रियाणि मनो बुद्धिः सत्त्वं तेजो बलं धृतिः ।

वासुदेवात्मकान्याहुः क्षेत्रं क्षेत्रज्ञ एव च ॥ १६ ॥

सर्वागमानामाचारः प्रथमं परिकल्पते ।

आचारप्रभवो धर्मो धर्मस्य प्रभुरच्युतः ॥ १७ ॥

ऋषयः पितरो देवा महाभूतानि धातवः ।

जङ्गमाजङ्गमं चेदं जगन्नारायणोद्भवम् ॥ १८ ॥

योगो ज्ञानं तथा साङ्ख्यं विद्याः शिल्पादि कर्म च ।

वेदाः शास्त्राणि विज्ञानमेतत्सर्वं जनार्दनात् ॥ १९ ॥

एको विष्णुर्महद्भूतं पृथग्भूतान्यनेकशः ।

त्रींल्लोकान्व्याप्य भूतात्मा भुङ्क्ते विश्वभुगव्ययः ॥ २० ॥

इमं स्तवं भगवतो विष्णोर्व्यासेन कीर्तितम् ।

पठेच्च इच्छेत्पुरुषः श्रेयः प्राप्तुं सुखानि च ॥ २१ ॥

विश्वेश्वरमजं देवं जगतः प्रभुमव्ययम् ।

भजन्ति ये पुष्कराक्षं न ते यान्ति पराभवम् ॥ २२ ॥

न ते यान्ति पराभवम् ॐ नम इति ।

अर्जुन उवाच

पद्मपत्रविशालाक्ष पद्मनाभ सुरोत्तम ।

भक्तानामनुरक्तानां त्राता भव जनार्दन ॥ २३ ॥

श्रीभगवानुवाच

यो मां नामसहस्रेण स्तोतुमिच्छति पाण्डव ।

सोऽहमेकेन श्लोकेन स्तुत एव न संशयः ॥ २४ ॥

स्तुत एव न संशय ॐ नम इति ।

व्यास उवाच

वासनाद्वासुदेवस्य वासितं भुवनत्रयम् ।

सर्वभूतनिवासोऽसि वासुदेव नमोऽस्तु ते ॥ २५ ॥

श्री वासुदेव नमोऽस्तुत ॐ नम इति ।

पार्वत्युवाच Goddess Parvati exclaimed

केनोपायेन लघुना विष्णोर्नामसहस्रकम् ।

पठ्यते पण्डितैर्नित्यं श्रोतुमिच्छाम्यहं प्रभो ॥ २६ ॥

ईश्वर उवाच Lord Shiva responded

श्रीराम राम रामेति रमे रामे मनोरमे ।

सहस्त्रनाम तत्तुल्यं राम नाम वरानने ॥ २७॥ repeat 3 times

रामनाम वरानन ॐ नम इति ।

ब्रह्मोवाच Lord Brahma said

नमोऽस्त्वनन्ताय सहस्त्रमूर्तये सहस्त्रपादाक्षिशिरोरुबाहवे ।

सहस्त्रनाम्ने पुरुषाय शाश्वते सहस्त्रकोटियुगधारिणे नमः ॥ २८॥

सहस्त्रकोटियुगधारिण ॐ नम इति ।

सञ्जय उवाच The Narrator Sanjaya said

यत्र योगेश्वरः कृष्णो यत्र पार्थो धनुर्धरः ।

तत्र श्रीर्विजयो भूतिर्ध्रुवा नीतिर्मतिर्मम ॥ २९॥

श्री भगवान् उवाच Lord Krishna confirmed

अनन्याश्चिन्तयन्तो मां ये जनाः पर्युपासते ।

तेषां नित्याभियुक्तानां योगक्षेमं वहाम्यहम् ॥ ३०॥

परित्राणाय साधूनां विनाशाय च दुष्कृताम् ।

धर्मसंस्थापनार्थाय सम्भवामि युगे युगे ॥ ३१॥

आर्ताः विषण्णाः शिथिलाश्च भीताः घोरेषु च व्याधिषु वर्तमानाः ।

सङ्कीर्त्य नारायणशब्दमात्रं विमुक्तदुःखाः सुखिनो भवन्तु ॥ ३२॥

कायेन वाचा मनसेन्द्रियैर्वा बुध्यात्मना वा प्रकृतेः स्वभावात् ।

करोमि यद्यत् सकलं परस्मै नारायणायेति समर्पयामि ॥ ३३ ॥

॥ इति महाभारते अनुशासनपर्वणि भीष्मयुधिष्ठिरसंवादे

श्रीविष्णोर्दिव्यसहस्रनामस्तोत्रं सम्पूर्णम् ॥

ॐ तत् सत् ॥

Section 3 Verses as Chanted Sanskrit

The Verses have been written as chanted, with appropriate change of the Visarga to र् repha, स् sakara or श् śakara. Also, in certain sandhis the Visarga gets elided.

(The Anusvara also undergoes changes and is chanted as a corresponding nasal letter in specific cases. However this is Optional as per Sanskrit Grammar rules, so less adhered to).

Also for the beginner, a hyphen has been inserted to show the subwords and letters clearly, that helps in correct pronunciation. The way we begin chanting stays with us, so seeing the words distinctly in the beginning is an advantage in the learning process.

॥ श्री विष्णु-सहस्रनाम-स्तोत्रम् ॥

अथ महिमा । Remembrance

Before chanting the 1000 names we bring to mind
the greatness of the Lord.

ॐ शुक्लाम्-बरधरं विष्णुं शशि-वर्णं चतुर्-भुजम् ।

प्रसन्न-वदनं ध्यायेत् सर्व-विघ्नो-पशान्तये ॥ १ ॥

यस्य द्विरद-वक्त्राद्याः पारिषद्याः परश् शतम् ।

विघ्नं निघ्नन्ति सततं विष्वकसेनं तमाश्रये ॥ २ ॥

व्यासं वसिष्ठ-नप्तारं शक्तेः पौत्रम्-अकल्मषम् ।

पराशर-आत्मजं वन्दे शुक-तातं तपो-निधिम् ॥ ३ ॥

व्यासाय विष्णु-रूपाय व्यास-रूपाय विष्णवे ।

नमो वै ब्रह्म-निधये वासिष्ठाय नमो नमः ॥ ४ ॥

अविकाराय शुद्धाय नित्याय परमात्मने ।

सदैक-रूप-रूपाय विष्णवे सर्व-जिष्णवे ॥ ५ ॥

यस्य स्मरण-मात्रेण जन्म-संसार-बन्धनात् ।

वि-मुच्यते नमस् तस्मै विष्णवे प्रभ-विष्णवे ॥ ६ ॥

ॐ नमो विष्णवे प्रभविष्णवे ।

Now the initial statements that lay the basis for

chanting the 1000 names. The dialogue between

King Yudhisthir and Grandsire Bhisma as recorded by the sage Vaishampayana.

वैशम्पायन उवाच Sage Vaishampayana spoke

श्रुत्वा धर्मान्–अशेषेण पावनानि च सर्वशः ।

युधिष्ठिरश् शान्त–नवं पुनरेवाभ्य–भाषत ॥ १ ॥

युधिष्ठिर उवाच King Yudhisthir asked

किमेकं दैवतं लोके किं वाप्येकं परायणम् ।

स्तुवन्तः कं कमर्चन्तः प्राप्नु–युर्मानवाश् शुभम् ॥ २ ॥

को धर्मस् सर्व–धर्माणां भवतः परमो मतः ।

किं जपन् मुच्यते जन्तुर् जन्म–संसार–बन्धनात् ॥ ३ ॥

भीष्म उवाच The Grandsire Bhisma replied

जगत् प्रभुं देव–देवम्–अनन्तं पुरुषोत्–तमम् ।

स्तुवन् नाम–सहस्त्रेण पुरुषस् सत–तोत्थितः ॥ ४ ॥

तमेव चार्चयन् नित्यं भक्त्या पुरुषम्–अव्ययम् ।

ध्यायन् स्तुवन् नमस् यंश्च यज–मानस् तमेव च ॥ ५ ॥

अनादि–निधनं विष्णुं सर्व–लोक–महेश्वरम् ।

लोकाध्यक्षं स्तुवन् नित्यं सर्व–दुःखातिगो भवेत् ॥ ६ ॥

ब्रह्मण्यं सर्व-धर्म-ज्ञं लोकानां कीर्ति-वर्धनम् ।

लोक-नाथं महद् भूतं सर्व-भूत-भवोद्-भवम् ॥ ७ ॥

एष मे सर्व-धर्माणां धर्मो-ऽधिक-तमो मतः ।

यद् भक्त्या पुण्डरी-काक्षं स्तवैरर्-चेन् नरस् सदा ॥ ८ ॥

परमं यो महत् तेजः परमं यो महत् तपः ।

परमं यो महद् ब्रह्म परमं यः परायणम् ॥ ९ ॥

पवित्राणां पवित्रं यो मङ्गलानां च मङ्गलम् ।

दैवतं देवतानां च भूतानां यो-ऽव्ययः पिता ॥ १० ॥

यतस् सर्वाणि भूतानि भवन्त्यादि-युगागमे ।

यस्मिंश् च प्रलयं यान्ति पुनरेव युग-क्षये ॥ ११ ॥

तस्य लोक-प्रधानस्य जगन् नाथस्य भूपते ।

विष्णोर् नाम-सहस्रं मे शृणु पाप-भयापहम् ॥ १२ ॥

यानि नामानि गौणानि विख्यातानि महात्मनः ।

ऋषिभिर् परि-गीतानि तानि वक्ष्यामि भूतये ॥ १३ ॥

ऋषिर् नाम्नां सहस्र-स्य वेद्-व्यासो महा-मुनिः ॥

छन्दो-ऽनुष्टुप् तथा देवो भगवान् देवकी-सुतः ॥ १४ ॥

अमृतां-शूद्-भवो बीजं शक्तिर् देवकि-नन्दनः ।

त्रिसामा हृदयं तस्य शान्त्यर्थे वि-नि-युज्यते ॥ १५ ॥

विष्णुं जिष्णुं महा–विष्णुं प्रभ–विष्णुं महेश्वरम् ॥

अनेक–रूप–दैत्यान्तं नमामि पुरुषोत्–तमम् ॥ १६ ॥

अथ पूर्व न्यासः ।

Before Beginning, we purify the body parts by invoking deities.

अस्य श्री-विष्णोर्–दिव्य-सहस्र–नाम–स्तोत्र–महा–मन्त्रस्य । श्री वेद–व्यासो भगवान् ऋषिः । अनुष्टुप् छन्दः । श्री–महा–विष्णुः परमात्मा श्रीमन् नारायणो देवता । अमृतां–शूद्द–भवो भानुर् इति बीजम् । देवकी–नन्दनः स्रष्टेति शक्तिः । उद्भवः क्षोभणो देव इति परमो मन्त्रः । शङ्ख–भृन्–नन्दकी चक्रीति कीलकम् । शार्ङ्ग–धन्वा गदाधर इति अस्त्रम् । रथाङ्ग–पाणिर्–अक्षोभ्य इति नेत्रम् । त्रि–सामा सामगस् सामेति कवचम् । आनन्दं पर–ब्रह्मेति योनिः । ऋतुस् सुदर्शनः काल इति दिग्बन्धः । श्री विश्व–रूप इति ध्यानम् । श्री महा–विष्णु–प्रीत्यर्थे सहस्र–नाम–जपे वि–नि–योगः ॥

अथ न्यासः ।

ॐ शिरसि वेद–व्यास–ऋषये नमः । मुखे अनुष्टुप्छन्दसे नमः । हृदि श्री–कृष्ण–परमात्म–देवतायै नमः । गुह्ये अमृतां–शूद्द–भवो भानु–रिति बीजाय नमः । पादयोर् देवकी–नन्दनस् स्रष्टेति शक्तये नमः ।

सर्वाङ्गे शङ्ख-भृन्-नन्दकी चक्रीति कीलकाय नमः । कर-सम्पुटे मम श्री-कृष्ण-प्रीत्यर्थे जपे विनियोगाय नमः ॥

इति ऋषयादि-न्यासः ॥

अथ कर-न्यासः ।

ॐ विश्वं विष्णुर् वषट्कार इति अङ्गुष्ठा-भ्यां नमः ।

अमृतांशूद्भवो भानुरिति तर्जनी-भ्यां नमः ।

ब्रह्मण्यो ब्रह्म-कृद् ब्रह्मेति मध्यमा-भ्यां नमः ।

सुवर्ण-बिन्दुर्-अक्षोभ्य इति अनामिका-भ्यां नमः ।

निमिषो-ऽनिमिषः स्रग्वीति कनिष्ठिका-भ्यां नमः ।

रथाङ्ग-पाणिर्-अक्षोभ्य इति कर-तल-कर-पृष्ठा-भ्यां नमः ।

इति करन्यासः ।

अथ षड्-अङ्ग-न्यासः ।

ॐ विश्वं विष्णुर् वषट्कार इति हृदयाय नमः ।

अमृतांशूद्भवो भानुरिति शिरसे स्वाहा ।

ब्रह्मण्यो ब्रह्म-कृद् ब्रह्मेति शिखायै वषट् ।

सुवर्ण-बिन्दुर्-अक्षोभ्य इति कवचाय हुम् ।

निमिषो-ऽनिमिषस् स्रग्वीति नेत्र-त्रयाय वौषट् ।

रथाङ्ग–पाणिर्–अक्षोभ्य इति अक्षाय फट् ।

इति षडङ्गन्यासः ॥

अथ सङ्कल्पः ।

The Thought or Desire for which we are doing it.

श्री–कृष्ण–प्रीत्यर्थे विष्णोर् दिव्य–सहस्र–नाम–जपम् अहं करिष्ये इति

सङ्कल्पः ।

ध्यानम् ।

क्षीरोदन्वत् प्रदेशे शुचि–मणि–विलसत् सैकतेर् मौक्तिकानां

माला–क्लृप्ता–सनस्थस् स्फटि–कमणि–निभैर् मौक्तिकैर् मण्डिताङ्गः ।

शुभ्रैर् अभ्रैर् अदभ्रैर् उपरि–विरचितैर्–मुक्त–पीयूष वर्षैः

आनन्दी नः पुनीयादरि–नलिन–गदा शङ्ख–पाणिर् मुकुन्दः ॥ १ ॥

भूः पादौ यस्य नाभिर् वियदसुरनिलश् चन्द्र सूर्यौ च नेत्रे

कर्णा–वाशाश् शिरो द्यौर् मुखमपि दहनो यस्य वास्ते–यमब्धिः ।

अन्तःस्थं यस्य विश्वं सुर–नर–खग–गो–भोगि–गन्धर्व–दैत्यैः

चित्रं रं–रम्यते तं त्रि–भुवन वपुषं विष्णु–मीशं नमामि ॥ २ ॥

॥ ॐ नमो भगवते वासुदेवाय ॥

शान्ता–कारं भुजग–शायनं पद्म–नाभं सुरेशं

विश्वा–धारं गगन–सदृशं मेघ–वर्णं शुभाङ्गम् ।

लक्ष्मी-कान्तं कमल-नयनं योगिभिर् ध्यान-गम्यं

वन्दे विष्णुं भव-भय-हरं सर्व-लोकैक-नाथम् ॥ ३ ॥

नमस् समस्त-भूतानाम् आदि-भूताय भूभृते ।

अनेक-रूप-रूपाय विष्णवे प्रभ-विष्णवे ॥

मेघ-श्यामं पीत-कौशेय-वासं श्री-वत्साङ्कं कौस्तुभोद्-भासिताङ्गम् ।

पुण्योपेतं पुण्डरी-काय-ताक्षं विष्णुं वन्दे सर्व-लोकैक-नाथम् ॥ ४ ॥

सशाङ्ख-चक्रं सकिरीट-कुण्डलं सपीत-वस्त्रं सरसीरुहे-क्षणम् ।

स-हार-वक्षःस्थल-कौस्तुभ-श्रियं नमामि विष्णुं शिरसा चतुर्-भुजम्

॥ ५ ॥

छायायां पारिजातस्य हेम-सिंहासनो-परि

आसीनम्-अम्बुद-श्याम-मायताक्षम्-अलंकृतम् ।

चन्द्रा-ननं चतुर् बाहुं श्री-वत्साङ्कित वक्षसं

रुक्मिणी सत्य-भामा-भ्यां सहितं कृष्णम् आश्रये ॥ ६ ॥

अथ श्री विष्णु-सहस्र-नामम् The 1000 Glorious Names

ॐ विश्वं विष्णुर् वषट्कारो भूत-भव्य-भवत् प्रभुः ।

भूत-कृद्-भूत-भृद्-भावो भूतात्मा भूत-भावनः ॥ १ ॥

पूतात्मा परमात्मा च मुक्तानां परमा गतिः ।

अव्ययः पुरुषस् साक्षी क्षेत्रज्ञो-ऽक्षर एव च ॥ २ ॥

योगो योग-विदां नेता प्रधान-पुरुषेश्वरः ।

नार-सिंहवपुः श्रीमान् केशवः पुरुषोत्-तमः ॥ ३ ॥

सर्वश् शर्वश् शिवस् स्थाणुर्-भूतादिर्-निधिर्-अव्ययः ।

सम्भवो भावनो भर्ता प्रभवः प्रभुरीश्वरः ॥ ४ ॥

स्वयम्भूश् शम्भुरादित्यः पुष्कराक्षो महा-स्वनः ।

अनादि-निधनो धाता विधाता धातुरुत्तमः ॥ ५ ॥

अप्रमेयो हृषीकेशः पद्म-नाभो-ऽमर-प्रभुः ।

विश्व-कर्मा मनुस् त्वष्टा स्थविष्ठस् स्थविरो ध्रुवः ॥ ६ ॥

अग्राह्यश् शाश्वतः कृष्णो लोहिताक्षः प्रतर्दनः ।

प्र-भूतस्त्रि-ककुब्धाम पवित्रं मङ्गलं परम् ॥ ७ ॥

ईशानः प्राणदः प्राणो ज्येष्ठः श्रेष्ठः प्रजापतिः ।

हिरण्य-गर्भो भू-गर्भो माधवो मधु-सूदनः ॥ ८ ॥

ईश्वरो विक्रमी धन्वी मेधावी विक्रमः क्रमः ।

अनुत्तमो दुरा-धर्षः कृतज्ञः कृतिर्-आत्मवान् ॥ ९ ॥

सुरेशश् शरणं शर्म विश्व-रेताः प्रजा-भवः ।

अहस् संवत्सरो व्यालः प्रत्ययस् सर्व-दर्शनः ॥ १० ॥

अजस् सर्वेश्वरस् सिद्धः सिद्धिस् सर्वादिर्-अच्युतः ।

वृषाकपिर्–अमेयात्मा सर्व–योग–विनिःसृतः ॥ ११ ॥

वसुर् वसुमनास् सत्यस् समात्मा–ऽसम्मितस् समः ।

अमोघः पुण्डरी–काक्षो वृष–कर्मा वृषाकृतिः ॥ १२ ॥

रुद्रो बहु–शिरा बभ्रुर् विश्व–योनिश् शुचि–श्रवाः ।

अमृतश् शाश्वत–स्थाणुर्–वरारोहो महा–तपाः ॥ १३ ॥

सर्वगस् सर्व–विद्–भानुर्–विष्वक्–सेनो जनार्दनः ।

वेदो वेद–विद्व्यङ्गो वेदाङ्गो वेद–वित्–कविः ॥ १४ ॥

लोकाध्यक्षस् सुराध्यक्षो धर्माध्यक्षः कृताकृतः ।

चतुर्–आत्मा चतुर्–व्यूहश् चतुर्–दंष्ट्रश् चतुर्–भुजः ॥ १५ ॥

भ्रा–जिष्णुर् भोजनं भोक्ता सहिष्णुर् जगदादि–जः ।

अनघो विजयो जेता विश्वयोनिः पुनर्–वसुः ॥ १६ ॥

उपेन्द्रो वामनः प्रांशुर्–अमोघश् शुचिरूर्–जितः ।

अतीन्द्रस् सङ्ग्रहस् सर्गो धृतात्मा नियमो यमः ॥ १७ ॥

वेद्यो वैद्यस् सदा–योगी वीरहा माधवो मधुः ।

अतीन्द्रियो महा–मायो महोत्–साहो महा–बलः ॥ १८ ॥

महा–बुद्धिर्–महा–वीर्यो महा–शक्तिर् महा–द्युतिः ।

अनिर्देश्य–वपुः श्रीमान् अमेयात्मा महाद्रि–धृक् ॥ १९ ॥

महेष्वासो मही–भर्ता श्री–निवासस् सतां गतिः ।

अनिरुद्धस् सुरानन्दो गोविन्दो गोविदां पतिः ॥ २० ॥

मरीचिर्-दमनो हंसस् सुपर्णो भुजगोत्-तमः ।

हिरण्य-नाभस् सुतपाः पद्म-नाभः प्रजा-पतिः ॥ २१ ॥

अमृत्युस् सर्वदृक् सिंहस् सन्धाता सन्धिमान् स्थिरः ।

अजो दुर्मर्षणश् शास्ता विश्रुतात्मा सुरारिहा ॥ २२ ॥

गुरुर् गुरुतमो धाम सत्यस् सत्य-पराक्रमः ।

निमिषो-ऽनिमिषस् स्रग्वी वाचस्-पतिरुदारधीः ॥ २३ ॥

अग्रणीर्-ग्रामणीः श्रीमान् न्यायो नेता समीरणः ।

सहस्र-मूर्धा विश्वात्मा सहस्राक्षस् सहस्रपात् ॥ २४ ॥

आवर्तनो निवृत्तात्मा संवृतस् सम्प्रमर्दनः ।

अहःसंवर्तको वह्निर्-अनिलो धरणी-धरः ॥ २५ ॥

सु-प्रसादः प्रसन्न-आत्मा विश्व-धृग्-विश्व-भुग्-विभुः ।

सत्-कर्ता सत्-कृतस् साधुर् जह्नुर् नारायणो नरः ॥ २६ ॥

असङ्ख्येयो-ऽप्रमेयात्मा विशिष्टः शिष्ट-कृच्-छुचिः ।

सिद्धार्थस् सिद्ध-सङ्कल्पस् सिद्धिदस् सिद्धि-साधनः ॥ २७ ॥

वृषाही वृषभो विष्णुर्-वृषपर्वा वृषोदरः ।

वर्धनो वर्धमानश् च विविक्तः श्रुति-सागरः ॥ २८ ॥

सुभुजो दुर्धरो वाग्मी महेन्द्रो वसुदो वसुः ।

नैक-रूपो बृहद्-रूपः शिपिविष्टः प्रकाशानः ॥ २९ ॥

ओजस्-तेजो-द्युति-धरः प्रकाशात्मा प्रतापनः ।

ऋद्धस् स्पष्टाक्षरो मन्त्रश् चन्द्रांशुर् भास्कर-द्युतिः ॥ ३० ॥

अमृतांशूद्-भवो भानुश् शश-बिन्दुस् सुरेश्वरः ।

औषधं जगतस् सेतुस् सत्य-धर्म-पराक्रमः ॥ ३१ ॥

भूत-भव्य-भवन्-नाथः पवनः पावनो-ऽनलः ।

काम-हा काम-कृत्-कान्तः कामः काम-प्रदः प्रभुः ॥ ३२ ॥

युगादि-कृद्-युगावर्तो नैकमायो महाशानः ।

अदृश्यो व्यक्त-रूपश्च सहस्र-जिद्-अनन्त-जित् ॥ ३३ ॥

इष्टो-ऽविशिष्टश् शिष्टेष्टश् शिखण्डी नहुषो वृषः ।

क्रोध-हा क्रोध-कृत्-कर्ता विश्व-बाहुर्-महीधरः ॥ ३४ ॥

अच्युतः प्रथितः प्राणः प्राणदो वासवानुजः ।

अपान्निधिर्-अधिष्ठानम्-अप्रमत्तः प्रतिष्ठितः ॥ ३५ ॥

स्कन्दस् स्कन्दधरो धुर्यो वरदो वायु-वाहनः ।

वासुदेवो बृहद्-भानुर्-आदिदेवः पुरन्दरः ॥ ३६ ॥

अशोकस्-तारणस्-तारः शूरश् शौरिर्-जनेश्वरः ।

अनुकूलश् शतावर्तः पद्मी पद्म-निभेक्षणः ॥ ३७ ॥

पद्म-नाभो-ऽरविन्दाक्षः पद्म-गर्भः शरीर-भृत् ।

महर्द्धिर् ऋद्धो वृद्धात्मा महाक्षो गरुड-ध्वजः ॥ ३८ ॥

अतुलश् शरभो भीमस् सम-यज्ञो हविर्-हरिः ।

सर्व-लक्षण-लक्षण्यो लक्ष्मीवान् समितिञ्जयः ॥ ३९ ॥

विक्षरो रोहितो मार्गो हेतुर्-दामोदरस् सहः ।

मही-धरो महा-भागो वेग-वान-मिताशनः ॥ ४० ॥

उद्भवः क्षोभणो देवः श्री-गर्भः परमेश्वरः ।

करणं कारणं कर्ता वि-कर्ता गहनो गुहः ॥ ४१ ॥

व्यवसायो व्यवस्थानस् संस्थानस् स्थानदो ध्रुवः ।

परर्द्धिः परम-स्पष्टस्-तुष्टः पुष्टः शुभेक्षणः ॥ ४२ ॥

रामो विरामो विरतो मार्गो नेयो नयो-ऽनयः ।

वीरश् शक्तिमतां श्रेष्ठो धर्मो धर्म-विदुत्तमः ॥ ४३ ॥

वैकुण्ठः पुरुषः प्राणः प्राणदः प्रणवः पृथुः ।

हिरण्य-गर्भश् शत्रुघ्नो व्याप्तो वायुर्-अधोक्षजः ॥ ४४ ॥

ऋतुस् सुदर्शनः कालः परमेष्ठी परिग्रहः ।

उग्रस् संवत्सरो दक्षो विश्रामो विश्वदक्षिणः ॥ ४५ ॥

विस्तारस् स्थावर-स्थाणुः प्रमाणं बीजम्-अव्ययम् ।

अर्थो-ऽनर्थो महाकोशो महाभोगो महाधनः ॥ ४६ ॥

अनिर्-विण्णः स्थविष्ठो-ऽभूर्-धर्मयूपो महामखः ।

नक्षत्र-नेमिर्-नक्षत्री क्षमः क्षामस् समीहनः ॥ ४७॥

यज्ञ इज्यो महेज्यश्च क्रतुस् सत्रं सताङ्गतिः ।

सर्व-दर्शी विमुक्त-आत्मा सर्वज्ञो ज्ञानम्-उत्तमम् ॥ ४८॥

सुव्रतस् सुमुखस् सूक्ष्मस् सुघोषस् सुखदस् सुहृत् ।

मनोहरो जित-क्रोधो वीर-बाहुर्-विदारणः ॥ ४९॥

स्वापनस् स्ववशो व्यापी नैकात्मा नैक-कर्म-कृत् ।

वत्सरो वत्सलो वत्सी रत्न-गर्भो धनेश्वरः ॥ ५०॥

धर्म-गुब्-धर्म-कृद्-धर्मी सद्-असत्-क्षरम्-अक्षरम् ।

अविज्ञाता सह-स्रांशुर्-विधाता कृत-लक्षणः ॥ ५१॥

गभस्-तिनेमिस् सत्त्वस्थः सिंहो भूत-महेश्वरः ।

आदि-देवो महा-देवो देवेशो देव-भृद्- गुरुः ॥ ५२॥

उत्तरो गोपतिर्-गोप्ता ज्ञान-गम्यः पुरातनः ।

शरीर-भूत-भृद्-भोक्ता कपीन्द्रो भूरि-दक्षिणः ॥ ५३॥

सोमपो-ऽमृतपस् सोमः पुरुजित् पुरु-सत्तमः ।

विनयो जयस् सत्यसन्धो दाशार्हस् सात्वतां पतिः ॥ ५४॥

जीवो विनयिता-साक्षी मुकुन्दो-ऽमित-विक्रमः ।

अम्भो-निधिर्-अनन्तात्मा महो-दधि-शायो-ऽन्तकः ॥ ५५॥

अजो महार्हस् स्वाभाव्यो जितामित्रः प्रमोदनः ।

आनन्दो नन्दनो नन्दस् सत्य-धर्मा त्रि-विक्रमः ॥ ५६ ॥

महर्षिः कपिलाचार्यः कृतज्ञो मेदिनी-पतिः ।

त्रि-पदस् त्रि-दशाध्यक्षो महा-शृङ्गः कृतान्त-कृत् ॥ ५७ ॥

महा-वराहो गोविन्दस् सुषेणः कनकाङ्ग-गदी ।

गुह्यो गभीरो गहनो गुप्तश् चक्र-गदा-धरः ॥ ५८ ॥

वेधास् स्वाङ्गो-ऽजितः कृष्णो दृढस् सङ्कर्षणो-ऽच्युतः ।

वरुणो वारुणो वृक्षः पुष्कराक्षो महा-मनाः ॥ ५९ ॥

भगवान् भगहा-ऽऽनन्दी वनमाली हलायुधः ।

आदित्यो ज्योतिरादित्यस् सहिष्णुर्-गति-सत्तमः ॥ ६० ॥

सुधन्वा खण्ड-परशुर्-दारुणो द्रविण-प्रदः ।

दिवःस्पृक् सर्व-दृग्-व्यासो वाचस्पतिर्-अयोनि-जः ॥ ६१ ॥

त्रिसामा सामगस् साम निर्वाणं भेषजं भिषक् ।

सन्न्यास-कृच्छमश् शान्तो निष्ठा शान्तिः परायणम् ॥ ६२ ॥

शुभाङ्गश् शान्तिदस् स्रष्टा कुमुदः कुवले-शयः ।

गोहितो गोपतिर्-गोप्ता वृषभाक्षो वृष-प्रियः ॥ ६३ ॥

अनिवर्ती निवृत्तात्मा सङ्क्षेप्ता क्षेम-कृच्छिवः ।

श्रीवत्स-वक्षाः श्रीवासः श्रीपतिः श्रीमतां वरः ॥ ६४ ॥

श्रीदः श्रीशः श्रीनिवासः श्रीनिधिः श्रीविभावनः ।

श्रीधरः श्रीकरः श्रेयः श्रीमाँल्लोक-त्रयाश्रयः ॥ ६५ ॥

स्वक्षस् स्वङ्गश् शतानन्दो नन्दिर्-ज्योतिर्-गणेश्वरः ।

विजितात्मा-ऽविधेयात्मा सत्-कीर्तिश् छिन्न-संशयः ॥ ६६ ॥

उदीर्णस् सर्वतश् चक्षुर्-अनीशाश् शाश्वत-स्थिरः ।

भूशायो भूषणो भूतिर्विशोकश्शोकनाशनः ॥ ६७ ॥

अर्चिष्मान् अर्चितः कुम्भो विशुद्धात्मा विशोधनः ।

अनिरुद्धो-ऽप्रतिरथः प्रद्युम्नो-ऽमित-विक्रमः ॥ ६८ ॥

काल-नेमि-निहा वीरश् शौरिश् शूर-जनेश्वरः ।

त्रि-लोक-आत्मा त्रि-लोकेशः केशवः केशिहा हरिः ॥ ६९ ॥

काम-देवः काम-पालः कामी कान्तः कृता-गमः ।

अनिर्-देश्य-वपुर् विष्णुर् वीरो-ऽनन्तो धनञ्जयः ॥ ७० ॥

ब्रह्मण्यो ब्रह्म-कृद्-ब्रह्मा ब्रह्म ब्रह्म-विवर्धनः ।

ब्रह्म-विद् ब्राह्मणो ब्रह्मी ब्रह्मज्ञो ब्राह्मण-प्रियः ॥ ७१ ॥

महा-क्रमो महा-कर्मा महा-तेजा महो-रगः ।

महा-क्रतुर् महा-यज्वा महा-यज्ञो महा-हविः ॥ ७२ ॥

स्तव्यस् स्तव-प्रियस् स्तोत्रं स्तुतिस् स्तोता रण-प्रियः ।

पूर्णः पूरयिता पुण्यः पुण्य-कीर्तिर् अनामयः ॥ ७३ ॥

मनो-जवस् तीर्थ-करो वसु-रेता वसु-प्रदः ।

वसु–प्रदो वासु–देवो वसुर् वसु–मना हविः ॥ ७४॥

सद्–गतिस् सत्–कृतिस् सत्ता सद्–भूतिस् सत्–परायणः ।

शूर–सेनो यदु–श्रेष्ठस् सन्नि–वासस् सुया–मुनः ॥ ७५॥

भूता–वासो वासु–देवस् सर्वा–सुनिलयो–ऽनलः ।

दर्पहा दर्पदो दृप्तो दुर्–धरो–ऽथापरा–जितः ॥ ७६॥

विश्व–मूर्तिर् महा–मूर्तिर् दीप्त–मूर्तिर् अमूर्ति–मान् ।

अनेक–मूर्तिर् अव्यक्तश् शत–मूर्तिश् शतananनः ॥ ७७॥

एको नैकस् सवः कः किं यत् तत् पदम्–अनुत्तमम् ।

लोक–बन्धुर् लोक–नाथो माधवो भक्त–वत्सलः ॥ ७८॥

सुवर्ण–वर्णो हेमाङ्गो वराङ्गश् चन्द–नाङ्गदी ।

वीर–हा विष–मश् शून्यो घृताशीर् अचलश् चलः ॥ ७९॥

अमानी मानदो मान्यो लोक–स्वामी त्रि–लोक–धृक् ।

सुमेधा मेधजो धन्यस् सत्य–मेधा धरा–धरः ॥ ८०॥

तेजो–वृषो द्युति–धरस् सर्व–शास्त्र–भृतां वरः ।

प्र–ग्रहो नि–ग्रहो व्यग्रो नैक–शृङ्गो गदा–ग्रजः ॥ ८१॥

चतुर्–मूर्तिश् चतुर्–बाहुश् चतुर्–व्यूहश् चतुर्–गतिः ।

चतुर्–आत्मा चतुर्–भावश् चतुर्–वेद–विदेक–पात् ॥ ८२॥

समावर्तो–ऽनिवृत्त–आत्मा दुर्–जयो दुर्–अति–क्रमः ।

दुर्लभो दुर्गमो दुर्गो दुरा–वासो दुरा–रिहा ॥ ८३ ॥

शुभाङ्गो लोक–सारङ्गस् सुतन्तुस् तन्तु–वर्धनः ।

इन्द्र–कर्मा महा–कर्मा कृत–कर्मा कृत–आगमः ॥ ८४ ॥

उद्भवस् सुन्दरस् सुन्दो रत्न–नाभस् सु–लोचनः ।

अर्को वाज–सनश् शृङ्गी जयन्तस् सर्व–विजयी ॥ ८५ ॥

सुवर्ण–बिन्दुर् अक्षोभ्यस् सर्व–वागीश–वरेश–वरः ।

महा–ह्रदो महा–गर्तो महा–भूतो महा–निधिः ॥ ८६ ॥

कुमुदः कुन्दरः कुन्दः पर्जन्यः पावनो–ऽनिलः ।

अमृताशो–ऽमृत–वपुस् सर्वज्ञस् सर्वतो–मुखः ॥ ८७ ॥

सु–लभस् सु–व्रतस् सिद्धश् शत्रु–जिच्–छत्रु–तापनः ।

न्यग्रोध उदुम्बरो–ऽश्वत्थश् चाणू–रान्ध्र–निषूदनः ॥ ८८ ॥

सहस्रार्–चिस् सप्त–जिह्वस् सप्तैधास् सप्त–वाहनः ।

अमूर्तिर् अनघो–ऽचिन्त्यो भय–कृद् भय–नाशनः ॥ ८९ ॥

अणुर् बृहत् कृशस् स्थूलो गुण–भृन् निर्–गुणो महान् ।

अ–धृतस् स्व–धृतस् स्वास्यः प्राग्–वंशो वंश–वर्धनः ॥ ९० ॥

भार–भृत् कथितो योगी योगी–शस् सर्व–काम–दः ।

आश्रमः श्रमणः क्षामस् सु–पर्णो वायु–वाहनः ॥ ९१ ॥

धनुर्–धरो धनुर्–वेदो दण्डो दम–यिता दमः ।

अ–परा–जितस् सर्व–सहो नियन्ता–ऽनियमो–ऽयमः ॥ ९२ ॥

सत्त्व–वान् सात्त्विकस् सत्यस् सत्य–धर्म–परायणः ।

अभि–प्रायः प्रियार्–होऽर्हः प्रिय–कृत्–प्रीति–वर्धनः ॥ ९३ ॥

विहायस–गतिर्–ज्योतिस् सु–रुचिर् हुत–भुग् विभुः ।

रविर् विरोचनस् सूर्यस् सविता रवि–लोचनः ॥ ९४ ॥

अनन्तो हुत–भुग् भोक्ता सुखदो नैक–जो–ऽग्रजः ।

अनिर्–विण्णस् सदा–मर्षी लोका–धिष्ठानम् अद्भुतः ॥ ९५ ॥

सनात् सनातन–तमः कपिलः कपिर् अप्ययः ।

स्वस्ति–दस् स्वस्ति–कृत् स्वस्ति स्वस्ति–भुक् स्वस्ति–दक्षिणः ॥ ९६ ॥

अरौद्रः कुण्डली चक्री विक्रम्यूर्–जित–शासनः ।

शब्दा–तिगश् शब्द–सहः शिशि–रश् शर्वरी–करः ॥ ९७ ॥

अक्रूरः पेशलो दक्षो दक्षिणः क्षमिणां वरः ।

विद्–वत्–तमो वीत–भयः पुण्य–श्रवण–कीर्तनः ॥ ९८ ॥

उत्–तारणो दुष्–कृति–हा पुण्यो दुःस्वप्न–नाशनः ।

वीर–हा रक्ष–णस् सन्तो जीवनः पर्य–वस्थितः ॥ ९९ ॥

अनन्त–रूपो–ऽनन्त–श्रीर् जित–मन्युर् भया–पहः ।

चतुरश्रो गभीर्–आत्मा वि–दिशो व्या–दिशो दिशः ॥ १०० ॥

अनादिर् भूर्–भुवो लक्ष्मीस् सुवीरो रुचि–राङ्गदः ।

जननो जन-जन्मादिर् भीमो भीम-परा-क्रमः ॥ १०१ ॥

आधार-निलयो-ऽधाता पुष्प-हासः प्रजा-गरः ।

ऊर्ध्व-गस् सत्-पथा-चारः प्राण-दः प्रणवः पणः ॥ १०२ ॥

प्रमाणं प्राण-निलयः प्राण-भृत्-प्राण-जीवनः ।

तत्त्वं तत्त्व-विदेकात्मा जन्म-मृत्यु-जरा-तिगः ॥ १०३ ॥

भूर्-भुवःस्वस्-तरुस् तारस् सविता प्र-पिता-महः ।

यज्ञो यज्ञ-पतिर्-यज्वा यज्ञाङ्गो यज्ञ-वाहनः ॥ १०४ ॥

यज्ञ-भृद् यज्ञ-कृद यज्ञी यज्ञ-भुग् यज्ञ-साधनः ।

यज्ञान्त-कृद् यज्ञ-गुह्यम् अन्नम् अन्नाद एव च ॥ १०५ ॥

आत्म-योनिस् स्वयज्ञ-जातो वैखानस् साम-गायनः ।

देवकी-नन्दनस् स्रष्टा क्षितीशः पाप-नाशनः ॥ १०६ ॥

शङ्ख-भृन्-नन्दकी चक्री शार्ङ्ग-धन्वा गदा-धरः ।

रथाङ्ग-पाणिर्-अक्षोभ्यस् सर्व-प्रहरणा-युधः ॥ १०७ ॥ End of

1000 names

सर्वप्रहरणायुध ॐ नम इति ।

वन-माली गदी शार्ङ्गी शङ्खी चक्री च नन्दकी ।

श्रीमान् नारायणो विष्णुर् वासुदेवो-ऽभिरक्षतु ॥ १०८ ॥ Repeat 3

times

श्री वासुदेवोऽभिरक्षतु ॐ नम इति ।

उत्तर–न्यासः , फल–श्रुतिः Fruits of Chanting

भीष्म उवाच

इतीदं कीर्तनी–यस्य केश–वस्य महात्–मनः ।

नाम्नां सहस्रं दिव्या–नाम्–अशेषेण प्रकीर्ति–तम् ॥ १ ॥

य इदं शृणु–यान्–नित्यं यश्चापि परि–कीर्तयेत् ।

ना–शुभं प्राप्नु–यात् किञ्चित् सो–ऽमुत्रेह च मानवः ॥ २ ॥

वेदान्त–गो ब्राह्मणस् स्यात् क्षत्रियो विजयी भवेत् ।

वैश्यो धन–समृद्धस् स्याच् छूद्रस् सुखम् अवाप्नु–यात् ॥ ३ ॥

धर्मार्थी प्राप्नुयाद् धर्मम् अर्थार्थी चार्थम् आप्नुयात् ।

कामान् अवाप्नुयात् कामी प्रजार्थी चाप्नुयात् प्रजाम् ॥ ४ ॥

भक्तिमान् यस् सदोत्थाय शुचिस् तद् गत–मानसः ।

सहस्रं वासुदेवस्य नाम्–नाम एतत् प्रकीर्तयेत् ॥ ५ ॥

यशः प्राप्नोति विपुलं याति प्राधान्यम् एव च ।

अचलां श्रियम् आप्नोति श्रेयः प्राप्नोत्य–नुत्तमम् ॥ ६ ॥

न भयं क्वचिद् आप्नोति वीर्यं तेजश् च विन्दति ।

भवत्य–रोगो द्युतिमान् बल–रूप–गुणान्–वितः ॥ ७ ॥

रोगार्तो मुच्यते रोगाद् बद्धो मुच्येत बन्धनात् ।

भयान् मुच्येत भीतस् तु मुच्ये-तापन् न आपदः ॥ ८ ॥

दुर्गाण्यति-तरत्याशु पुरुषः पुरुषोत्तमम् ।

स्तुवन् नाम-सहस्त्रेण नित्यं भक्ति-समन्वितः ॥ ९ ॥

वासु-देवाश्रयो मर्त्यो वासुदेव-परायणः ।

सर्व-पाप-विशुद्धात्मा याति ब्रह्म सनातनम् ॥ १० ॥

न वासुदेव-भक्तानाम् अशुभं विद्यते क्वचित् ।

जन्म-मृत्यु-जरा-व्याधि-भयं नैवोप-जायते ॥ ११ ॥

इमं स्तवम् अधीयानः श्रद्धा-भक्ति-समन्वितः ।

युज्येतात्म-सुख-क्षान्ति-श्री-धृति-स्मृति-कीर्ति-भिः ॥ १२ ॥

न क्रोधो न च मात्सर्यं न लोभो नाशुभा मतिः ।

भवन्ति कृत-पुण्यानां भक्तानां पुरुषोत्तमे ॥ १३ ॥

द्यौस् स-चन्द्रार्क-नक्षत्रा खं दिशो भूर्-महो-दधिः ।

वासुदेवस्य वीर्येण विधृतानि महात्मनः ॥ १४ ॥

ससुरा-सुर-गन्धर्वं स-यक्षो-रग-राक्षसम् ।

जगद् वशे वर्ततेदं कृष्णस्य स-चरा-चरम् ॥ १५ ॥

इन्द्रियाणि मनो बुद्धिस् सत्त्वं तेजो बलं धृतिः ।

वासुदेवात्मकान्याहुः क्षेत्रं क्षेत्रज्ञ एव च ॥ १६ ॥

सर्वा-गमानाम् आचारः प्रथमं परि-कल्पते ।

आचार-प्रभवो धर्मो धर्मस्य प्रभुर् अच्युतः ॥ १७॥

ऋषयः पितरो देवा महा-भूतानि धातवः ।

जङ्गमाजङ्गमं चेदं जगन् नारायणोद् भवम् ॥ १८॥

योगो ज्ञानं तथा साङ्ख्यं विद्याश् शिल्पादि कर्म च ।

वेदाश् शास्त्राणि विज्ञानम् एतत् सर्व जनार्दनात् ॥ १९॥

एको विष्णुर् महद् भूतं पृथग् भतान्यनेकशः ।

त्रींल्लोकान् व्याप्य भूतात्मा भुङ्क्ते विश्व-भुग् अव्ययः ॥ २०॥

इमं स्तवं भगवतो विष्णोर् व्यासेन कीर्तितम् ।

पठेद् य इच्छेत् पुरुषः श्रेयः प्राप्तुं सुखानि च ॥ २१॥

विश्वेश्वरम् अजं देवं जगतः प्रभुम् अव्ययम् ।

भजन्ति ये पुष्कराक्षं न ते यान्ति परा-भवम् ॥ २२॥

न ते यान्ति पराभवम् ॐ नम इति ।

अर्जुन उवाच

पद्म-पत्र-विशालाक्ष पद्म-नाभ सुरोत्तम ।

भक्तानाम् अनुरक्तानां त्राता भव जनार्दन ॥ २३॥

श्री भगवान् उवाच

यो मां नाम-सहस्रेण स्तोतुम् इच्छति पाण्डव ।

सोऽहम् एकेन श्लोकेन स्तुत एव न संशायः ॥ २४॥

स्तुत एव न संशाय ॐ नम इति ।

व्यास उवाच

वासनाद् वासुदेवस्य वासितं भुवन–त्रयम् ।

सर्वभूत–निवासोऽसि वासुदेव नमोऽस्तु ते ॥ २५॥

श्री वासुदेव नमोऽस्तुत ॐ नम इति ।

पार्वत्युवाच Goddess Parvati exclaimed

केनोपायेन लघुना विष्णोर् नाम–सहस्र–कम् ।

पठ्यते पण्डितैर् नित्यं श्रोतुम् इच्छाम्यहं प्रभो ॥ २६॥

ईश्वर उवाच Lord Shiva responded

श्रीराम राम रामेति रमे रामे मनोरमे ।

सहस्र–नाम तत् तुल्यं राम नाम वरानने ॥ २७॥ repeat 3 times

श्रीरामनाम वरानन ॐ नम इति ।

ब्रह्मोवाच Lord Brahma said

नमो–ऽस्त्व–नन्ताय सहस्र–मूर्तये सहस्र–पादाक्षि–शिरोरु–बाहवे ।

सहस्र–नाम्ने पुरुषाय शाश्वते सहस्र–कोटि–युग–धारिणे नमः ॥ २८॥

सहस्रकोटियुगधारिण ॐ नम इति ।

सञ्जय उवाच The Narrator Sanjaya said

यत्र योगेश्वरः कृष्णो यत्र पार्थो धनुर्धरः ।

तत्र श्रीर् विजयो भूतिर् ध्रुवा नीतिर् मतिर् मम ॥ २९॥

श्री भगवान् उवाच Lord Krishna confirmed

अनन्याश् चिन्तयन्तो मां ये जनाः पर्युपासते ।

तेषां नित्याभि–युक्तानां योग–क्षेमं वहाम्यहम् ॥ ३०॥

परित्राणाय साधूनां विनाशाय च दुष्कृताम् ।

धर्म–संस्था–पनार्थाय सम्भ–वामि युगे युगे ॥ ३१॥

आर्ताः विषण्णाः शिथिलाश्च भीताः घोरेषु च व्याधिषु वर्तमानाः ।

सङ्कीर्त्य नारायण–शब्द–मात्रं विमुक्त–दुःखाः सुखिनो भवन्तु ॥ ३२॥

भक्त उवाच The Devotee says

कायेन वाचा मनसेन्द्रियैर्वा बुद्ध्यात्मना वा प्रकृतेः स्वभावात् ।

करोमि यद् यत् सकलं परस्मै नारायणायेति समर्पयामि ॥ ३३॥

॥ इति महाभारते अनुशासनपर्वणि भीष्मयुधिष्ठिरसंवादे

श्रीविष्णोर्दिव्यसहस्रनामस्तोत्रं सम्पूर्णम् ॥

ॐ तत् सत् ॥

Ending Prayer

गुरुर् ब्रह्मा गुरुर् विष्णुः गुरुर् देवो महेश्वरः ।

गुरुस् साक्षात् परब्रह्म तस्मै श्रीगुरवे नमः ॥

श्री गुरुभ्यो नमः हरिः ॐ ।

श्री कृष्णार्पणमस्तु ॥

Epilogue

One may ask – Why to chant the Sahasranama? Studies confirm that chanting improves one's concentration and commitment ~ and quickly heals illness and related agony.

सर्वे भवन्तु सुखिनः । सर्वे सन्तु निरामयाः ।

सर्वे भद्राणि पश्यन्तु । मा कश्चिद् दुःख भाग् भवेत् ॥

ॐ शान्तिः शान्तिः शान्तिः ॥

When faith has blossomed in life, Every step is led by the Divine.

Sri Sri Ravi Shankar

Om Namah Shivaya

जय गुरुदेव